SIMÓN BOLÍVAR Y MANUELA SÁENZ
La Coronela y el Libertador

Jazmín Sáenz

SIMÓN BOLÍVAR Y MANUELA SÁENZ
La Coronela y el Libertador

Colección
Grandes Amores de la Historia

México ♦ Miami ♦ Buenos Aires

Simón Bolívar y Manuela Sáenz
© Jazmín Sáenz, 2010

🅛.D. Books

D. R. © Editorial Lectorum, S. A. de C. V., 2010
Centeno 79-A, col. Granjas Esmeralda
C. P. 09810, México, D. F.
Tel. 5581 3202
www.lectorum.com.mx
ventas@lectorum.com.mx

L. D. Books, Inc.
Miami, Florida
sales@ldbooks.com

Lectorum S. A.
Buenos Aires, Argentina
ventas@lectorum-ugerman.com.ar

Primera edición: marzo de 2010
ISBN: 978-1502-788658

D. R. © Portada: Victoria Burghi
D. R. © Fotos de portada: Olga OSA (para Shutterstock)
D. R. © Retratos de portada: Ricardo Ajler

Características tipográficas aseguradas conforme a la ley.
Prohibida la reproducción total o parcial sin autorización escrita del editor.

Impreso y encuadernado en México.
Printed and bound in Mexico.

Introducción

En la visión institucionalizada de los Estados, la vida de los próceres latinoamericanos adquiere, a veces, caracteres fantasmagóricos. No es extraño que pasajes íntegros de sus vidas desaparezcan en la oscuridad más absoluta, al mismo tiempo que hechos casuales o insignificantes se vean elevados a la categoría de mito o paradigma.

Cuando, hacia 1883, en el primer centenario del nacimiento de Simón Bolívar, se editaran en Caracas las copiosas *Memorias* de Daniel Florence O'Leary, destacado militar irlandés que fuera su secretario y conservara para sí un archivo voluminoso del Libertador, ocurrió de pronto que buena parte de la existencia del prócer –quizá algunas de sus páginas más intensas– resultó groseramente menoscabada.

Aquella edición monumental que, al involucrar más de treinta tomos, pretendía ser la obra más exhaustiva y completa sobre la vida del Libertador, se vio así menguada, constituyendo un fracaso deplorable para la iniciativa. Fragmentos significativos de la vida de Bolívar fueron entonces destinados al fuego y sólo fortuitamente se salvaron para una edición posterior.

Resultó que era el propio gobierno venezolano quien financiaba la edición, y cuando llegaron a Caracas los manuscritos que relataban la azarosa vida del General con su amada por los llanos y montañas de América, algún notorio funcionario de gobierno entendió que:

"...la ropa sucia se lava en casa y jamás consentiré que una publicación que se hace por cuenta de Venezuela amengüe al Libertador".

O sea que el preclaro individuo resolvió *per se* llevar a cabo la mutilación.

La publicación completa de los manuscritos debió esperar a 1914, y no vería la luz en su patria, sino hasta mucho tiempo después, puesto que la edición se efectuó en Inglaterra.

¿De qué "ropa sucia" hablaba el funcionario que, según él, en tal grado menguaba la imagen del prócer? ¿Acaso significaba un demérito a su figura inmaculada el proyectar la imagen de un hombre común, atravesado por las llamas de su tiempo y del amor? La operación de ocultamiento sobre esos fragmentos de vida bastaba para consumar la segunda o tercera muerte de una notable revolucionaria americana para la cual la historiografía oficial –celosa del canon de control social imperante– no guardaría el menor espacio.

Hablamos de la ecuatoriana Manuela Sáenz, nacida a la revolución muy temprano, quizá en agosto de 1810, cuando observara aterrorizada el bárbaro asesinato de los revolucionarios apresados por la autoridad colonial en Quito, pero con toda seguridad hacia 1817, cuando se embarcara junto a Rosa Campuzano y otros conspiradores limeños en el desafío de la revolución por la independencia del Perú. Ya entonces recibiría del general San Martín el título de "Caballeresa del Sol", por sus valiosos servicios a la causa del ejército expedicionario patriota.

Se cruzaría Manuela con Simón Bolívar a posteriori de estos hechos, en 1822, y este dato demuestra la injusticia de valorar la trascendencia de la Sáenz por su relación con el Libertador. Aunque ciertamente durante los próximos ocho años, hasta la muerte de Simón, sería su inseparable compañera.

Considerables méritos propios cargaba Manuela para tener su bien logrado lugar en la historia americana, pero aun promediando el siglo XX, su merecido brillo seguiría siendo opacado por la tenebrosa burocracia de las letras y las historiografías.

En 1949 se había encargado al Ministerio de Educación venezolano la edición de las memorias del eminente científico francés Jean-Baptiste Boussingault, quien también acompañara a Bolívar en las afiebradas jornadas de su periplo libertador. Esta vez fue el propio ministro de Educación, Augusto Mijares, quien se declaró ofendido por las "necedades y calumnias" que le atribuía al francés sobre Bolívar y las mujeres americanas.

Este Mijares se adjudicaba a sí mismo el título de biógrafo oficial de Bolívar y, por su cuenta y riesgo, amputó de las memorias de Boussingault las numerosas menciones a la revolucionaria ecuatoriana, así como los fragmentos que dan cuenta de su influencia en la vida del Libertador por el ancho espacio de una década, justamente los años centrales de la aventura bolivariana. Los fragmentos extirpados recién verían la luz en 1977, por la benévola mano del famoso editor venezolano José Agustín Catalá, uno de los más destacados opositores a la dictadura de Pérez Jiménez.

¿Qué pecado mortal cargaría esta mujer para que su nombre y su estampa le fueran extirpados sin anestesia de la existencia del héroe, siendo justamente estos pasajes en común los que llenaran las páginas más gloriosas y las más aciagas de su gesta inmortal?

Sucede que la inquina feroz de la sociedad bienpensante de las nuevas repúblicas por la vida y obra de esta mujer formidable había nacido bien temprano, aun en vida de la pareja. Puede decirse que el odio nació en el instante mismo en que se conocieron. Y es cierto que el encuentro fue precedido por una serie de circunstancias destacadas, algunas fortuitas y muchas deliberadas.

La acusación de ser una mujer de comportamiento irregular y condenable perseguía a Manuela desde su misma Quito natal. Su independencia de criterio y su autonomía resultaban, desde todo punto de vista, censurables en una mujer. Un origen que se juzgaba oscuro, sus devaneos juveniles con un militar y su dudoso matrimonio con el acaudalado médico inglés James Thorne, sumaban manchas al currículum que popularizaba de ella la sociedad colonial. Las habladurías no harían otra cosa que crecer desmesuradamente desde que la carrera revolucionaria de Manuela le llevara a acaparar para sí tanto poder político y militar. Baste mencionar que el historiador venezolano Denzil Romero recoge testimonios que señalan a Manuela como dueña de "una de las sexualidades más abiertas de la época", y la mencionan con el epíteto de *insaciable*, atribuyéndole decenas de amantes, desde sacerdotes hasta púberes, sin excluir las relaciones lésbicas. ¿Una exageración? Muy probablemente, puesto que es bastante habitual que la censura moral se ensañe con las personalidades que transgreden el orden establecido.

Lo más triste de aquella censura no es sólo la injusta postergación recibida por una figura con brillo histórico propio, como fuera Manuela Sáenz, sino el absurdo crimen que significaba ignorar los aspectos de la personalidad de Bolívar que más lo acercarían a nuestros contemporáneos, generando una identificación con sus ideales y su lucha. Son justamente aquellos elementos los que destacan su calidad humana, fundiendo el frío bronce que le adjudicara el régimen oligárquico sucesor de la empresa libertadora.

A lo largo de ocho años, la extraña pareja que formaran Simón y Manuela atravesó las mieles de la gloria y los sinsabores de la derrota. Sus afiebradas cartas nos transmiten el eco de sus preocupaciones y la pasión que los unía, y al mismo tiempo los lanzaba a la aventura continental de las guerras de independencia.

Simón Bolívar, el apasionado amante que completa esta historia, no requiere una presentación exhaustiva. Fundador y héroe máximo de tres repúblicas americanas, es uno de los más reconocidos impulsores de la independencia en las colonias españolas, y figura central de un ciclo histórico de tal magnitud que, para 1825, Portugal había perdido todas sus tierras americanas, y España sólo conservaba Cuba y Puerto Rico.

Con veintiocho años se unió a la revolución en 1811, y los próximos veintinueve años serían de una intensidad exuberante, hasta su inesperada muerte en las proximidades de Santa Marta, en 1830. Cuando hizo su triunfal entrada a Quito en 1822 no tenía aún cuarenta, y su admiradora –veterana ya de la lucha revolucionaria– apenas veinticinco.

En el escenario de un edificio colonial que, a decir de Tulio Halperín Donghi en *Historia contemporánea de América Latina*, "había durado demasiado", y que entró en rápida disolución a principios del siglo XIX, se desplegó (y ahora intentamos retratarla) esta historia de amor que llenó sus horas más febriles y que nos acerca la estampa más humana del Libertador, una que surge indemne de los abrumadores mitos.

Capítulo I
Una tal Manuela

Hay un hombre y hay una mujer. También hay una guerra y un amor. Nuestra historia comienza el 16 de junio del año 1822, cuando la tricentenaria ciudad de Quito se prepara a vivir un día de fiesta como no habrá otro igual. Los balcones amanecen rebosantes de flores, las banderas flamean por doquier y las damas lucen sus mejores galas. Las bandas militares se apresuran a afinar sus instrumentos y el tañir de las campanas de los templos marca el ritmo a la algarabía general.

Un nutrido cortejo se dirige, a pie, hasta la Plaza Mayor. Otros tantos buscan su lugar con nerviosismo entre los balcones que se asoman a la calle principal. De las calles de tierra brota un polvo que lo inunda todo. Al grito de "¡Viva el Libertador!", hombres y mujeres de toda estirpe se sienten quiteños por una vez. La ciudad aguarda impaciente al héroe que le ha brindado la libertad.

Antigua capital del imperio inca de Atahualpa, el territorio había sido invadido por los españoles en 1533. Asesinado el legendario líder, los conquistadores fundaron la ciudad de Quito, y desde entonces ejercieron su dominio allí como en el resto de la América Hispana. Una apresurada declaración de independencia en los albores del siglo XIX no había podido evitar que continuara el control de los ejércitos realistas. Pero los vientos de cambio en la región habían impulsado a los hombres de Sucre y a Bolívar hacia la gloria, y la deseada independencia de papel se volvía, por fin, una realidad tangible. Aquel día de junio, los patriotas se encontraban a horas de ingresar a Quito, y la ciudad los aguardaba como a héroes.

A eso de las diez de la mañana, resonaron los cascos de los caballos en el empedrado y la ansiedad contenida estalló en júbilo. Seiscientos valientes ingresaron triunfales a la ciudad y, a paso lento, debido a la multitud, enfilaron hacia la Plaza. Pero los gritos y los saludos tenían un único dueño, y pronto resonaría en medio del jolgorio: "¡Viva Bolívar!".

A la cabeza del cortejo, montado en un caballo blanco y con su uniforme de gala brillando como el sol mañanero, Simón Bolívar irradia la gracia de los elegidos. "¡Viva el Libertador Bolívar!"

Lluvias de flores son arrojadas a su rostro moreno, y no hay quien no se desespere por tocarlo, admirarlo y hacerse de una inclinación de su cabeza. Todos reconocen en Bolívar a un héroe ungido por la Historia para llevar a cabo su mandato irrefutable.

De pronto, una corona de rosas y laureles impacta de lleno en el pecho del Libertador, con tal puntería, que éste, sobresaltado, levanta la vista hacia el balcón desde donde provino el proyectil. Unos ojos negros y divertidos, una sonrisa entre pícara y asustada y el bello brazo aún extendido le sirven de respuesta. Pero si el laurel impactó en la casaca, la visión siguiente dio directo al corazón: la joven impertinente era, además, dueña de un escote generoso, una piel de alabastro, rizos oscuros y una mirada azabache que enloquecería al más impávido de los santos. Y, para más, sus manos eran delicadas como palomas y la dentadura relucía perfecta debajo de unos labios húmedos.

Cual Romeo, el general dedicó a las alturas una sonrisa nerviosa y el saludo de su mano. Esta mezcla de gracia frágil y voluptuosidad calaron de tal modo en él, que no olvidaría a esa jovencita del balcón por el resto de la jornada.

La hija bastarda

Alfonso Rumazo en *Manuela Sáenz, la Libertadora del Libertador*, describe así la supuesta tolerancia de la sociedad colonial por las irregularidades de índole familiar-civil:

"Nace de adulterio y en adulterio vivirá ella misma los mejores años de su juventud. Llega además en tiempos en que el adulterio y otras concupiscencias son lo normal, lo elegante, lo muy bien perdonado entre la aristocracia y entre los criollos de todas clases".

Dado que el párrafo citado refiere a nuestra heroína, será bueno comenzar consignando la censura y el repudio implacable que "la aristocracia y los criollos de todas clases" de la época le impusieron por su nacimiento irregular, confirmado por la mayoría de las fuentes testimoniales. Si esta circunstancia, de la que Manuela no podía tener culpa alguna, determinó tal maltrato, qué decir sobre el repudio implacable a su conducta sufrido desde tan temprano.

Siendo más conocida popularmente la parte masculina de la futura pareja, será necesario entonces que nos remontemos a los antecedentes de esta dama, que ya destacaría precozmente en la mojigata sociedad colonial de Quito. Su historia previa se hace imprescindible para advertir la potente individualidad que cargan ambos al instante de su encuentro, en 1822.

Hija del escándalo

Manuela Sáenz de Aizpuru nació en la Real Audiencia de Quito, en el Pacífico sudamericano. La fecha en que lo hizo sigue aún en discusión, y aunque algunas fuentes la establecen a fines del año 1795, probablemente eso sucedió a fines de 1797. En *Manuela, la mujer*, Rodríguez Calderón consigna la fecha del 25 de septiembre de 1797. Otros la ubican en diciembre de ese año, o incluso a principios de 1798. La fecha no es una cuestión baladí, dado que suele referirse el nacimiento de la criatura en momentos en que tembló la tierra en Quito, echando abajo iglesias y sepultando a sus feligreses.

Al fundar sus ciudades en América, los españoles habían demostrado un respetuoso temor por la naturaleza inestable de algunas de sus regiones. No en balde invocaron a Santiago, santo protector contra los temblores, como patrono de varias ciudades erigidas en la altura de los Andes. Pero el santo no pudo salvar a Quito del terremoto de 1797, que mató a unas 40 000 personas.

La tragedia vivida por el pueblo quiteño a mediados de aquel año brinda un marco tentador para proclamar la desmesura y afirmar que la tierra debió abrirse así para que saliera de ella la mujer que cabalgaría la América junto a Bolívar.

Su madre, doña María Joaquina de Aizpuru o Aispurú, aunque no pertenecía al patriciado local era hija de una antigua y noble familia quiteña. Criolla, y soltera aún, había sido seducida por un hidalgo español, casado, representante, este sí, de la aristocracia colonial, con el plus de privilegio que esta reducida corporación concedía a la condición del nacimiento con sangre hispana. Quiso la providencia que el autor de sus días llevara un nombre premonitorio: Simón. Regidor del Cabildo local, capitán de la milicia del rey y recaudador de los diezmos del reino de Quito, Simón Sáenz de Vergara, el primer Simón en la vida de Manuela, se había casado con doña Juana María del Campo Larrahondo y Valencia, perteneciente a otra destacada familia de la ciudad.

"Quito, como todas las ciudades emplazadas en las cordilleras, tiene un carácter profundamente monástico. Aunque su población sea, según se asegura, de 60.000 habitantes, sólo se encuentra en las calles monjes y curas".

Así la describía Jean-Baptiste Boussingault en sus *Memorias* de 1831, y no era muy distinta a fines del siglo XVIII. Quito era la capital de una jurisdicción subordinada al Virreinato de Nueva Granada, que ejercía su autoridad vigilante desde Bogotá, pero a su vez estaba sujeta a Lima en lo judicial, eclesiástico y militar.

En esta pequeña urbe, la pareja de Simón y doña Juana, padres de tres hijos –Pedro, Ignacio y José María–, constituían la expresión de un destacado poder político y social. Seguramente don Simón contaba con una gran autonomía de movimientos en un poblado tan reducido, puesto que embarazó a una mujer muy joven de linaje reconocido. Es imposible que el accidente haya pasado desapercibido para doña Juana del Campo. Únicamente sólo un perdón muy temprano para el desliz marital puede explicar no sólo la pronta aceptación de la paternidad de parte de Simón, sino incluso la posterior introducción de Manuela en el hogar familiar.

Hay fuentes que describen a un enamorado Simón visitando a María Joaquina Aizpuru a escondidas de su esposa por años, aunque su conducta posterior al nacimiento de Manuela hace esta imagen poco creíble. Más bien parece que muy pronto la olvidó. En cambio, a María Joaquina este amor la marcó fatalmente: dos años después del nacimiento de Manuela, murió en el silencio de la sociedad que se indignara con su preñez culpable. Una leyenda narra que cuando el estado de gravidez de María resultó inocultable, estalló en la casa de los Aizpuru el escándalo, y la hija indigna fue conducida a la hacienda que la familia poseía en Cataguango, y allí confinada su vergüenza.

También se menciona a un hermano de María, de nombre Domingo, y para más datos sacerdote, que apiadado de su hermana, la protegió en su exilio y la asistió en el parto. Hay quien dice que María murió en el alumbramiento; lo cierto es que el Censo de Quito de julio de 1797 no la registra, y a la muerte del abuelo materno en 1803, el testamento del anciano no la menciona como heredera.

De acuerdo con las costumbres de la época, los frutos de amores clandestinos tenían por destino su internación en un convento. Manuela no logró escapar a este albur, pero sin que esto constituyera un presupuesto insufrible. Aunque su estancia con las monjas marcó su niñez y adolescencia, para ella constituyó una etapa de aprendizaje llena de cariño, y siempre guardó un buen recuerdo de ellas.

Muy posiblemente antes ya de morir su madre, Manuela ingresó al Monasterio de las Conceptas, donde pasó sus primeros años bajo la tutela de la superiora sor Buenaventura, quien dejó testimonio de un afecto muy grande por la pupila. Pero no había pasado más de dos años en ese claustro, cuando se presentó allí su padre, Simón, reclamándola.

Siendo aún muy pequeña, Manuela era introducida en el boato familiar de los Sáenz Vergara e integrada a la tibia distancia de su madrastra, la pronta camaradería del simpático hijo José María y la dulzura de los gorjeos de una recién nacida, su hermana Eulalia.

La niña de las monjas

Manuela no viviría permanentemente en la casa familiar, aunque sí pasaría allí largas temporadas. Don Simón la entregó para su educación al Convento de Santa Catalina, donde la niña recibió las primeras letras y la educación que entonces se brindaba a las señoritas de Quito. Tampoco es cierto que haya sido abandonada por su familia materna. Muchas fuentes registran sus largas estancias en la hacienda familiar de Cataguango, donde ella conoció a dos esclavas de su misma edad, Natán y Jonatás. Ellas se convirtieron en sus amigas más íntimas, al punto que Manuela las incorporó a su vida definitivamente. Para entonces, la niña registraba en sus diarios sus experiencias con los indios, el conocimiento de los trabajadores de la hacienda y su temprana conversión en amazona, trotando a su aire por esas tierras.

Parece que la inteligencia y genio de Manuela conquistaron muy pronto el corazón de su padre, que la integró al clan familiar, brindándole una educación esmerada que todos los que la conocieron destacan, entre un buen número de otras aptitudes sobresalientes. Tampoco en el convento pasaba desapercibida, y probablemente de su estancia allí provino la amistad con quien sería su tutora, sor Teresa Salas. El amor de la religiosa por Manuela se transparenta en la dedicatoria que estampa en un devocionario hallado entre las pocas pertenencias que sobrevivieron al exilio final de la quiteña en Paita. Dice allí: "Para mi dueña, Manuelita Sáenz. T. S."

Se conserva de esos años un retrato al óleo sobre vidrio que representa a una monja con dos niñas: una es sin dudas Manuela, la otra es probablemente su hermana Eulalia y la monja es por supuesto sor Teresa Salas, que deja caer sus manos protectoras sobre las cabezas infantiles. En otro óleo de las mismas características aparecen dos niñas jugando en un jardín; debajo figura un breve texto:

"Retrato de juego de las niñas Eulalia Sáenz de Vergara Campo Larrahondo y Manuelita Sáenz Aizpuru, hijas del muy ilustre Regidor del Cabildo de Quito, Don Simón Sáenz de Vergara, a los 7 días del mes de mayo, año de gracia de 1803."

Curas y monjas ocuparon buena parte de su niñez y adolescencia. Entre ellos aprendió a coser, bordar y cocinar golosinas. También leyó a los clásicos griegos y latinos y algo de poesía contemporánea, e incursionó en el inglés y el francés.

La severa vigilancia de don Simón puso reparo a las expansiones de la joven. Pero aquí y allá, entre conventos y clases de arte o idiomas, Manuela aprendió la picardía y despuntó sus curiosidades junto a dos camaradas dispuestas a seguirla a cualquier lado. Las mencionadas Jonatás y Natán tenían su misma edad y preguntas, y se estimulaban para encontrar las respuestas. Ha de hallarse sin duda en el influjo de sus amigas la tentación que la llevaría, ya con dieciséis o diecisiete años, a intentar fugarse del convento con un incauto enamorado.

Vientos de cambio

Detengámonos un poco más atrás. Manuela tenía menos de quince años cuando estalló en la ciudad de Quito la revolución de agosto de 1809, uno de los primeros intentos independentistas que se produjeron en América. La intentona conmocionó a la muchacha, que ya mostraba una autonomía de carácter y una afinidad por las clases populares y los amagos de emancipación criolla que preocupaba mucho a un monárquico convencido como su padre.

El fin de siglo había traído inquietud al hasta entonces tranquilo dominio hispano en América. El levantamiento de las colonias inglesas de Norteamérica y el auge liberal posterior a la Revolución Francesa de 1789, sumaban preocupaciones a una administración colonial que no había tenido nada que hacer en defensa del *statu quo* por casi dos siglos. Pero además, era desesperada la particular situación económica de Quito, aquejada por la pérdida de competitividad de su producción, las revueltas indígenas y los desastres naturales. El refuerzo de la exacción impositiva, como correlato del ascenso al trono de los Borbones, agudizó las demandas del patriciado local.

Paralelamente, la elite quiteña veía crecer a su similar de Guayaquil, incentivada ésta por el auge comercial de su puerto. Esta ciudad gozaba entonces de una notable prosperidad, impulsada por las construcciones navales y la producción de quina (hierba medicinal), para satisfacer la demanda europea.

En ese marco ha de encontrarse el origen del movimiento que estalló en agosto de 1809. Como ocurrió en el Plata en mayo de 1810, los conjurados tomaron como pretexto y supuesto modelo a las juntas antibonapartistas y defensoras de Fernando VII, que se habían organizado en España para enfrentar la forzada abdicación del monarca tras la invasión francesa. Así comenzaron sus reuniones en diciembre de 1808, en la hacienda de don Juan Pío Montúfar, marqués de Selva Alegre, un conspicuo miembro de la aristocracia local. Tenían el propósito de instaurar en Quito una Junta Soberana de Gobierno, que reemplazara a las autoridades españolas menoscabadas en su legitimidad tras la caída del rey y, muy probablemente, sujetas a la nueva autocracia de José Bonaparte.

Entretanto, el hermano de Napoleón envió de inmediato representantes a toda la América Ibérica con el mandato de que ésta se sometiese a su autoridad. La "máscara de Fernando VII", como se le llamó en el Plata, era un argumento formidable para colar los intereses locales y reemplazar a las autoridades coloniales con mandos netamente criollos, que gobernarían, en teoría, "a nombre de Fernando VII".

Las reuniones se realizaban en la casa de Manuela Cañizares, una convencida autonomista que, desde luego, caería en las murmuraciones de la franciscana ciudad, que no veía con buenos ojos que la mujer recibiese en su casa a tantos solteros. En realidad, la apariencia de que se cocían allí aventuras galantes escondía muy bien a las autoridades el verdadero propósito de las tertulias.

La noche del 9 de agosto de 1809, los complotados se reunieron en la casa de Cañizares. Los más vehementes alentaron a los medrosos a tomar la resolución que el momento histórico reclamaba. Pero aún las dudas se imponían a las certezas. En esa coyuntura se destacó la actitud de Manuela Cañizares, que los amonestó con célebres palabras:

"¡Cobardes... hombres nacidos para la servidumbre! ¿De qué tenéis miedo...? ¡No hay tiempo que perder...!"

El regaño surtió efecto. Esa misma noche, los asistentes juraron incondicional fidelidad a Fernando VII y a la Corona Española. En la mañana del 10 de agosto, el doctor Antonio Ante, comisionado por los alzados, se presentó ante la autoridad colonial, el doctor Manuel Urríes, para comunicarle que se había constituido una Junta Interina que se proponía como Junta Suprema de Quito, y le reclamó su dimisión.

Sangre y libertad

Urríes, advertido del poco consenso con que contaba en la población, accedió a dimitir y en la misma jornada asumió la Junta, que reunía lo más selecto de la oligarquía local, incluyendo cuatro marqueses y un conde.

De inmediato, los integrantes del nuevo movimiento se dieron a la tarea de legitimarlo. Se redactó una fórmula de juramento que se hizo circular por los cuarteles, y que rezaba:

"Juro por Dios y por la cruz de mi espada defender a mi legítimo soberano Fernando VII, sostener sus derechos, mantener la pureza de la Santa Iglesia Católica Romana y obedecer a las autoridades constituidas".

Esas autoridades no eran otras que las mismas que solicitaban el juramento. Seis días después se intentó darle un barniz más democrático a la algarada, convocándose a un cabildo abierto en la Sala Capitular del Convento de San Agustín. Se invitó allí a representantes de los diversos barrios de la ciudad, del clero, del ayuntamiento y de otras corporaciones.

Entre las primeras medidas de la Junta se contó la abolición del monopolio del tabaco, la baja de impuestos y el alistamiento de más tropas milicianas en vista de una probable reacción de parte del virrey en Santa Fe de Bogotá. La previsión no era inútil: tanto el virrey de Nueva Granada como su homólogo del Perú ya habían dispuesto la salida de tropas para reprimir lo que consideraban (y lo era) un alzamiento. A principios de septiembre, partió desde Lima un contingente de cuatrocientos hombres, con piezas de artillería y parque suficiente como para aplastar a los insurrectos.

Advertida del avance realista por el sur y de que otras tropas enviadas desde Bogotá se encontraban arribando a Popayán y Cuenca, la Junta no atinó a hallar otra opción y decidió, el 28 de octubre, autodisolverse y devolver el poder a Urríes. Fortalecido con la llegada de las tropas españolas, que ingresaron sin resistencia a Quito el 24 de noviembre de 1809, Urríes no se volvería generoso. Recuperada su autoridad, aprovechó la misma jornada para encarcelar a ochenta y cuatro patriotas comprometidos con la asonada. Los juicios contra los implicados en el movimiento de agosto de 1809 se extenderían por meses, exasperando la paciencia de la población quiteña. Si bien la revolución de los marqueses no había contado con mucho apoyo popular, la larga prisión de los complotados, la persecución a sus familiares y la extensión del aliento represivo sobre un movimiento que al fin no había causado víctimas, conquistó finalmente la simpatía de la población, y en breve su solidaridad con los prisioneros.

El 2 de agosto, en horas de la mañana, algunos hombres de pueblo que se habían comprometido en la liberación de los presos merodeaban la plaza central. Hacia el mediodía, cuatro de ellos, armados apenas con puñales, dominaron rápidamente a los seis guardias, provocando la alarma de la oficialidad. Pared de por medio del cuartel de los limeños, residían las tropas llegadas de Bogotá; en el tumulto, el comandante de estas últimas ordenó que se tirase abajo la pared con un cañonazo. Fue en ese momento que muchos presos, engrillados, cayeron muertos.

Dominado el levantamiento, la soldadesca ingresó a los calabozos para dar muerte a los sobrevivientes. El coronel Salinas, moribundo, fue sacrificado en su cama; fueron baleados y despedazados con hachas y sables Juan Pablo Arenas, José Luis Riofrío, Juan Larrea Guerrero, Atanasio Olea y otros muchos más. En horas de la tarde, los soldados se volcaron a las calles para saquear la ciudad. La barbarie descontrolada de la tropa limeña y bogotana fue tal, que en defensa propia los vecinos formaron barricadas en los barrios, trabándose con ellos en una desigual lucha.

Se calcula que en aquella jornada luctuosa fueron asesinadas dos centenares de personas. Para escarnio de la población, decenas de habitantes fueron colgados de horcas improvisadas por los militares en la plaza central.

La intervención de las tropas coloniales en Quito hizo, en realidad, que el régimen se amputara cualquier apoyo popular en la región. El odio crecería a partir de entonces hasta hacerse insoportable. El deseo de autonomía se haría más álgido y tendría una expresión contundente apenas un par de años después. La sangre criolla había fertilizado una tierra como no lo habían hecho las ideologías o los cálculos económicos.

Manuela recuerda en sus memorias aquella tarde, y el espanto de los muertos exhibidos en la plaza. Algunas fuentes la quieren encabezando el piquete de pobladores que buscaban liberar a los presos. Es muy difícil que, con apenas trece o catorce años, ella escapara al control paterno y conventual. Por otra parte, es sabido que su padre, monárquico convencido, estaba en contra de los insurrectos; incluso, en el futuro debería exiliarse cuando los patriotas volvieran a hacerse con el poder en su ciudad.

Amor y fuga

Pero volvamos a esta joven y bella adolescente, y al misterioso enamorado por el cual se aventuró a escapar del convento. El científico francés Joseph-Dieudonné-Jean-Baptiste Boussingault, a quien encomendaría Bolívar en 1822 el establecimiento de una escuela de ciencias en Venezuela, conoció a Manuela por los mismos años en que conoció al Libertador, y cuenta haberla frecuentado mucho durante su estancia en Bogotá. Publicó, entre 1892 y 1903, sus *Memorias* en cinco tomos, y aunque avaro en el espacio dedicado a Manuela, le brinda veinte páginas de las mismas.

En verdad, cómo un espeleólogo eminente como éste halló tiempo para interesarse por la vida amorosa de nuestra Manuela, será desde siempre un enigma. Lo cierto es que consigna allí, con la precisión científica que le es propia:

"...a Manuelita Sáenz la raptó del convento el joven oficial Fausto D'Elhuyard, hijo del químico descubridor del tungsteno. D'Elhuyard padre entró al servicio de España como ingeniero y fue enviado a América. Manuelita nunca hablaba de su fuga del convento. ¿La abandonó el raptor y se reintegró a su familia? Lo ignoro."

Las fuentes describen a un joven capitán tiernamente enamorado de los negros rizos de Manuela, de sus ojos de fuego, de su seguridad, de su entusiasmo, de su osadía. Las monjas no serían impedimento para que fogosas cartas se cruzaran de un lado al otro de la clausura. Para ello estaban bien dispuestas Natán y Jonatás. Una y otra se alternaban para facilitar las comunicaciones entre Fausto y Manuela.

Quizá sea rumor o leyenda la existencia de un jardinero bonachón, único habitante masculino del convento, que se corrompía con facilidad frente a la exposición de algunas botellas de buen vino español. El caso es que la relación crecía y los mensajes apasionados saltaban a un lado y otro de los paredones y verjas. Y en el colmo de la ansiedad, los amantes resolvieron escapar. Contaban por supuesto con la asistencia de Natán y Jonatás, y la probable complicidad de nuestro jardinero.

Nunca se sabrá si el galán resolvió abandonar a su amada cuando calibró la magnitud de su osadía, o si Manuela por fin recapacitó sobre la demencial resolución que se aprestaba a tomar a sus diecisiete años. Muy posiblemente alguna voz indiscreta le llevase el chisme a su padre, puesto que en pocas semanas –y ya enterada toda la ciudad de Quito de la audacia de la adolescente–, éste resolvió que la joven debía acompañarlo en un viaje a Panamá. Un modo muy expeditivo de salvar la honra familiar, amenazada por los precoces devaneos de su hija ante los uniformes militares.

Capítulo II
El otro Simón

Y mientras esa niña se despertaba ya mujer e iniciaba sus pasos como tal, Bolívar, que acusaba apenas treinta años, era un hombre agotado que, según testigos, ya aparentaba cuarenta y tantos. Llevaba más de la mitad de la vida andando. Habían pasado diecisiete años desde que partiera de su Caracas natal, con los ojos bien abiertos a una Europa que lo había deslumbrado. Había tenido buenos maestros, ya hablaremos de ellos, pero, ¿quién era realmente ese hombre de espigada figura y piel cobriza, que brillaba en las cortes y se destacaba en las salas de baile, fueran americanas o europeas?

El hijo de los vascos

Aquel hombre había sido bautizado como Simón José Antonio de la Santísima Trinidad Bolívar y Palacios. Tal era su nombre completo, extenso y ceremonioso como se acostumbraba en aquellos tiempos de castas, privilegios y opresiones.

Simón nació en el territorio de Caracas, perteneciente a la Capitanía General del Reino de España, en el seno de una casta acomodada de terratenientes criollos, el 24 de julio de 1783. La familia Bolívar, de origen vasco, estaba compuesta por el patriarca, coronel don Juan Vicente Bolívar y Ponte, su esposa doña Concepción Palacios Blanco y los cuatro niños: María Antonia, Juana, Juan Vicente y Simón. Hubo una hija más, la pequeña María del Carmen, que murió al nacer.

Los Bolívar poseían haciendas en los Valles de Aragua –escenario de *Las lanzas coloradas*, genial novela de Arturo Uslar-Pietri–, y entre el bullicio de Caracas y la calma de Aragua transcurrió la primera infancia del Libertador.

El menor de cuatro hermanos, demasiado pronto se toparía con la desdicha, ya que en poco tiempo partieron sus dos padres. Primero fue don Juan, que murió cuando Simón tenía escasos dos años de edad. Su madre falleció siete años más tarde. Esas aciagas circunstancias lo convirtieron a la vez en heredero de una suculenta fortuna a la corta edad de nueve años. Su restante niñez la viviría al cuidado de su abuelo materno, don Feliciano Palacios, de su tío Carlos y de la negra Hipólita, su esclava y nodriza.

Es de notar la extraordinaria educación temprana de nuestro héroe. Quiso su suerte que se formara con maestros de la talla de Andrés Bello (notable poeta, filósofo y educador) y Simón Rodríguez (personalidad notable a quien Bolívar luego llamaría "El hombre más extraordinario del mundo"). Ambos trascenderían su época como humanistas y pensadores. En la casa de Rodríguez, brillante pedagogo que regentaba por entonces la escuela de primeras letras de la ciudad, pasó Simón algunos meses como interno, mientras que de don Andrés, reconocido luego como el primer humanista de América, recibió lecciones particulares de Historia y de Geografía. Con ambos conservará afinidad de ideas y una perdurable amistad.

Pero el temperamento de Simón era nervioso, rebelde, y su pasión eran las armas. Por una mediación de su tío, a los quince años fue nombrado subteniente de Milicias de Infantería de los Valles de Aragua. Así dio inicio a su carrera militar, y lo hizo como correspondía al hijo de una familia criolla de alcurnia: en las filas del ejército realista.

Al encuentro de España

En su temprana juventud, Simón Bolívar fue enviado a España para continuar su educación; tal era la vieja usanza de los americanos acaudalados de la época. En aquellos últimos años del siglo XVIII, el ambiente de Madrid no podía ser más seductor para un adolescente tan impetuoso y de buena fortuna.

Cabe aquí referir el particular contexto que recibió al joven Bolívar. La Europa continental se encontraba en plena sacudida por los coletazos de la Revolución Francesa, ocurrida apenas diez años atrás. El eco de las cabezas rodantes de Luis XVI y de María Antonieta aún atronaba. Francia era una República y una incómoda vecina para las coronas europeas. Por otra parte, era observada con detenimiento (y no poca admiración) por los criollos americanos. Las ideas del Iluminismo seguían haciendo estragos en la legitimidad monárquica y en el *statu quo* religioso y conservador. La Enciclopedia y las nuevas teorías políticas sobre el contrato social circulaban como pan caliente, liberando a las mentes europeas del yugo del pensamiento absolutista.

Del otro lado del Atlántico, el mundo colonial ya tenía su propia república: las colonias de Norteamérica se habían independizado de Gran Bretaña, impulsando una novedosa Constitución basada en la división de poderes.

En ese año de 1799, mientras Simón desembarcaba en el Viejo Continente, un joven militar francés, héroe de las guerras revolucionarias que Francia había debido librar con algunos de sus vecinos, se alzaba con el poder absoluto, culminando un período de inestabilidad política y fracasos de las autoridades republicanas. Napoleón Bonaparte sería en breve y por mucho tiempo, una fuente de inspiración para Bolívar.

En España florecían los salones de lectura, los bailes y las tertulias, y una vez hecho al ambiente, el joven Simón los frecuentó maravillado. Al poco tiempo, el muchacho llevaba una vida de *dandy* totalmente ajena a aventuras políticas, y se dejaba seducir, con la desfachatez de su edad, por los muchos y variados placeres que le ofrecía el país europeo.

En una de aquellas tertulias conoció a una dama encumbrada, María Teresa Rodríguez del Toro, y se casó con ella en la capilla del palacio del Duque de Frías. Inmediatamente emprendieron juntos el regreso a la patria de Simón.

Corría el año 1802, y el joven marido se entusiasmaba con la idea de exponer ante su nueva esposa la solidez de su posición social. En Caracas lo esperaba un destino de próspero terrateniente. Sus haciendas trabajadas con esclavos producían el azúcar, el añil y el cacao que abarrotaban los barcos en el puerto. Los ojos de María Teresa brillaban frente al espectáculo del exótico y dilatado reino americano. Simón parecía feliz, se afanaba en planificar otros desarrollos empresariales, imaginaba su prole y su futuro estable junto a esa mujer. Ni en sus peores pesadillas podrá imaginar que apenas un año más tarde sus nuevos emprendimientos, su descendencia y su futuro estable se derrumbarían junto con su esposa. A mediados de 1803, María Teresa enfermó de fiebre amarilla y murió en pocos días.

La gestación de un ideal

Simón necesitaba huir de aquel sueño de potentado americano, de esa imagen idílica pronto esfumada, y lo hizo regresando a Europa. No quería sino volver a ser aquel *bon vivant* que alguna vez fuera, y despilfarrar en la luminosa escena social europea el oro que manaba de sus haciendas. No lo sabía aún, pero al otro lado del Atlántico la historia lo esperaba para atravesarlo de una vez y para siempre.

En 1804 ya estaba en París, y vivía a la usanza de la nueva aristocracia republicana. Asistía a los grandes salones de fiesta junto a su amigo Fernando Toro, y así conoció el amor de una francesa, Fanny du Villars. Pero su estadía no se agotaba en frivolidades.

La Europa que lo recibió en 1804 no sería ya para él la fiesta permanente que viviera antaño. Las circunstancias políticas del continente marchaban a paso acelerado, y ello repercutía en los criollos emigrados de sus colonias. Apenas Simón había llegado, su tío José Félix Ribas lo había introducido en los círculos de liberales, republicanos y residentes latinoamericanos. Poco a poco, Simón se iría contagiando de las ideas liberales y de la literatura que inspiró la acción revolucionaria en Francia, y que parecía continuar Napoleón. Por ese tiempo, Bonaparte se encontraba implementando su famoso código civil, que pretendía instalar, por fin, la igualdad de todos ante la ley.

La tragedia había guiado al joven Simón al encuentro con la realidad, con la conciencia histórica. Y una vez más tendría contacto con las mentes más lúcidas de la época. Bolívar conoció a Francisco de Miranda –el gran ideólogo de la independencia americana y del proyecto de la Gran Colombia– y al naturalista Alexander von Humboldt, expedicionario y gran conocedor de ese territorio, quien le habló de la madurez de las colonias para la independencia.

En París asistió además a un espectáculo que habría de marcarlo a fuego. En diciembre de 1804, Napoleón Bonaparte se hacía ungir emperador de Francia por el Papa Pío VII en la catedral de Notre Dame. Durante ese acto monárquico del francés –que tanto enfureció a Beethoven–, la multitud vivaba al héroe con alegría espontánea, y esto conmovió a Bolívar. Esa escena de poder y aceptación masiva le sedujo, haciéndole concebir la imagen de populosa adhesión que anhelaba para él. Así le describiría su impresión tiempo más adelante al general francés Perú de Lacroix, tal como éste lo relata en su *Diario de Bucaramanga*:

"Vi en París, en el último mes del año 1804, la coronación de Napoleón. Aquel acto magnífico me entusiasmó, pero menos su pompa que los sentimientos de amor que un inmenso pueblo manifestaba por el héroe [...] La corona que se puso Napoleón sobre la cabeza, la miré como una cosa miserable y de moda gótica, pues lo que me pareció grande fue la aclamación universal y el interés que inspiraba su persona; esto, lo confieso, me hizo pensar en la esclavitud de mi país, y en la gloria que conquistaría el que lo libertase."

Un poco cansado de su vida dispendiosa y con su amigo Fernando Toro, Simón inició un viaje por varias ciudades europeas, con destino final en Roma. En Milán, asistieron a la coronación de Napoleón como Rey de Italia. El águila del emperador avanzaba en forma imparable sobre el territorio continental. El viaje, con sabor a sendero iniciático, continuó sin pausa: Venecia, Bolonia, Florencia. El recogimiento y la secular historia que se respiraban en estas ciudades le dieron al joven un marco de distancia y reflexión. Pero no eran viejas ideas las que reverberaban en esos antiguos muros, y un nuevo sentir maduraba lenta, pero irreversiblemente, en el receptivo militar.

Las memorias de su Caracas colonial, de su familia mantuana de origen vasco, de las muchas lecturas subversivas devoradas por él en Madrid, de la República tornando al imperio de Napoleón, se mezclaban en él hasta producir los esbozos de algo inédito: su propia noción de *patria*, esa argamasa que une territorios, etnias y climas dispares, y por la que el hombre está llamado a dejar la vida. *Patria*, entonces, se le vuelve un deleitoso sinónimo de tierra, de trópico, de libertad.

Ese recorrido geográfico, y a la vez ascesis espiritual, terminó simbólicamente el 15 de agosto de 1805 en el Monte Sacro de Roma. Allí, frente a su antiguo maestro Simón Rodríguez, con quien se reencontró en el viaje, y junto a su amigo Fernando Toro, Simón exclamó:

"¡Juro delante de usted; juro por el Dios de mis padres; juro por ellos; juro por mi honor y juro por mi Patria, que no daré descanso a mi brazo, ni reposo a mi alma, hasta que haya roto las cadenas que nos oprimen por voluntad del poder español!".

Cuando, en 1807, regrese a su natal Caracas, Simón llevará en sus ojos ese fuego encendido por el juramento, que sus contemporáneos no dejarán de advertir y referirán una y otra vez. Con aquel acto, altisonante en el joven hacendado, pero sublime a la luz de los hechos posteriores, nacía Bolívar, el Libertador.

En el Monte Sacro se inauguraba un ciclo que sólo se cerraría veinte años después en otra cumbre, la de Potosí, situada en la nueva Bolivia, que precisamente sería llamada así en homenaje a su libertador. Pero faltaba para ello; aquel joven inflamado de patriotismo debía aún volver a cruzar el océano, poner pie en su suelo natal y darse a elaborar un destino de lucha individual y colectiva.

Reforma o revolución

La España antinapoleónica, la metrópoli, se resentía cada vez más como fruto de las victorias francesas, hasta quedar reducida sólo a las Cortes liberales de Cádiz. Con recursos cada vez menores para influir en sus Indias, el vacío abierto ante ellas hizo que en los remotos y huérfanos dominios estallaran las tensiones acumuladas durante dos siglos.

En suelo americano, las elites urbanas españolas y criollas desconfiaban unas de otras, y ambas proclamaban en esa hora de prueba ser las únicas leales a la Corona, ahora usurpada por los Bonaparte.

En su *Historia contemporánea de América Latina*, Tulio Halperín Donghi plantea esas sutilezas al reseñar que, para los peninsulares (españoles en América que integraban la burocracia colonial), los americanos sólo esperaban la ruina militar de la España antinapoleónica para conquistar la independencia. Para los americanos, a su vez, los peninsulares se anticipaban a esa ruina preparándose para entregar las Indias a una futura España integrada en el sistema francés. Ambas acusaciones "acaso no eran totalmente sinceras", reflexiona el historiador.

En 1810, la caída de Sevilla en manos francesas fue seguida en casi todas partes por la revolución colonial. Pero el pensamiento de los revolucionarios podía ser sinceramente más fluctuante de lo que la tesis del fingimiento quiere suponer. Muchos revolucionarios no se sentían rebeldes, sino herederos de un poder caído. No mostraban disidencias frente al enorme edificio político-administrativo colonial, sino que ahora lo experimentaban como un deber propio. Las revoluciones que se daban sin violencia, tenían como centro al institucional Cabildo. Fueron los "cabildos abiertos" (integrados, ahora, con la supremacía de las elites criollas) los que establecieron las juntas de gobierno que reemplazaban a los gobernantes designados desde la metrópoli: el 19 de abril en Caracas, el 25 de mayo en Buenos Aires, el 20 de julio en Bogotá, el 18 de septiembre en Santiago de Chile. Las nuevas autoridades intentaban exhibir signos de esa legitimidad que tanto les interesaba, y los buscaban en las viejas instituciones.

En cuanto a Bolívar, si bien ya conspiraba desde 1808, se rehusaba a participar en esa primera Junta que, "a nombre de Fernando VII", buscaba cierta participación criolla en abril de 1810. Para él no existía otra alternativa que la independencia, y declaraba que le repugnaban los eufemismos y el nuevo maquillaje que buscaba darse a la vieja administración colonial.

Bolívar sentía, en realidad, que el proyecto desarrollado en tierras coloniales americanas era una suerte de *gattopardo*, según lo cual, como en la clásica novela de Di Lampedusa, "todo debía cambiar para que siguiera como siempre". Y no había jurado en Roma, con todo su ser patriótico, para prestarse a eso.

Vacilar es perderse

Pero por fin y ya en suelo patrio, la tentación de los oropeles militares hizo que Simón aceptara el nombramiento de coronel de infantería que le ofreciera la nueva Junta Suprema de Venezuela, y haciendo uso de sus cuantiosos dineros financió y participó él mismo de una delegación que partió de inmediato a Londres, a la búsqueda de un codiciado apoyo británico.

Lord Wellesley, con quien entró en conversaciones apenas arribado a la capital inglesa, no le prometió nada. Demasiado pesaba en la política exterior de su país el apoyo a la España resistente y antinapoleónica que heredara de su reciente alianza con Carlos IV, ahora en desgracia y preso en Bayona, no obstante el interés evidente de la Gran Bretaña en la autonomía de las colonias ibéricas para instaurar un comercio libre con ellas. En cambio, sí autorizó la venta de armas a los insurrectos; nada económicas, por otra parte.

El viaje le permitió contactarse nuevamente con Francisco de Miranda, a quien convenció de ponerse al frente de la insurrección colombo-venezolana. Y apenas llegado a Caracas, le introdujo en la Sociedad Patriótica de Agricultura y Economía, logia fundada en 1810 y que agrupaba a los partidarios declarados de la independencia. Juntos lograron un pronunciamiento inédito de ésta y su participación en el Congreso Constituyente de Venezuela, reunido en marzo de 1811.

Allí pronunció Bolívar su primer discurso público de envergadura, y experimentó también por vez primera la alegría de pulsar con su voz los sentimientos de la masa, como quien tañe una criolla guitarra. Dijo entonces:

"Pongamos sin temor la piedra fundamental de la libertad suramericana. Vacilar es perdernos..."

Desde entonces, su dedicación a la lucha por la liberación sería total y absoluta hasta su muerte temprana.

Miranda, en tanto, recibido sin entusiasmo por la oligarquía local que controlaba el movimiento revolucionario, intentó dotar a éste de un aparato militar eficaz, y a la vez, radicalizarlo. Así, el 5 de julio de 1811 logró que el Congreso declarase la independencia de Venezuela y aprobase la primera Constitución federal para sus Estados.

Era la hora de que hablaran las armas, y así lo hicieron. La revolución ahora ya controlaba el litoral del cacao; el Oeste y el Interior seguían leales a la causa del rey.

La guerra y otros temblores

Por entonces, en la patria sublevada se produjo un gran terremoto. En un instante perdieron la vida 12 000 habitantes. Era un Jueves Santo, y cerca de 4 000 fieles fueron atrapados bajo las bóvedas de las iglesias. Sólo quedó en pie la catedral. Ese 26 de marzo de 1812, la tierra se sacudió de tal manera, que los realistas vieron en ello un castigo celeste por el olvido de sus sacros deberes reales, y recuperaron nuevas ínfulas para el combate.

A partir del temblor, el delicado equilibrio en que se mantenían las fuerzas comenzó a romperse, y las dotaciones realistas de Monteverde vencieron la resistencia de Miranda en el Este. Los mantuanos dieron entonces por terminada su breve revolución con un armisticio y Miranda fue entregado a los realistas en un "episodio oscuro" (a decir de Halperín Donghi) en el que tuvo participación Bolívar.

Éste debió huir a Curazao. Pero desde la amurallada Cartagena lanzó su famosa convocatoria a los colombianos, conocida precisamente como *Manifiesto de Cartagena*. Allí hacía un triste diagnóstico de su situación:

"Yo soy, granadinos, un hijo de la infeliz Caracas, escapado prodigiosamente de en medio de sus ruinas físicas y políticas".

Desde la misma Cartagena de Indias inició, en mayo de 1813, la llamada "Campaña Admirable", y reapareció en los Andes venezolanos, avanzando hacia Caracas con tropas abigarradas.

Esta segunda revolución venezolana se reveló más violenta: los combates se sucedían con crueldad, la guerra era a muerte y con voluntad de exterminio. Émulo de Napoleón y reproduciendo su celeridad y empuje, Bolívar logró reconquistar los territorios de Occidente y en agosto de 1813 ingresó triunfal en Caracas, mientras Monteverde huía.

Entonces sí nació "el Libertador". Así le aclamaban a su paso por Mérida, y con ese título fue ratificado por el ayuntamiento de Caracas, que le nombró además Capitán General de los ejércitos de Venezuela.

Simón no cabía en sí de gozo. Entró a Caracas con su bastón de comandante en una mano y sintiendo que algo de la gloria de su admirado Bonaparte ya le alcanzaba.

Pero menos de un año después, la resistencia realista iba a encontrar un nuevo jefe en el asturiano José Boves con sus ejércitos de llaneros. De "turbio pasado", según Halperín Donghi, y con un salvajismo pocas veces visto en un militar de su jerarquía, tal como lo pintará Uslar-Pietri en su novela *Las lanzas coloradas*, logró, desde los llanos, sofocar a los andinos de Bolívar, quien una vez más debió huir para salvar la vida.

Los llaneros entraron en Caracas en julio de 1814, mientras Simón huía a bordo de una goleta con rumbo a la isla de Jamaica. Su nombre había pasado de la más alta gloria al más profundo infortunio.

Bajo un mismo cielo

Sin saberlo, los futuros amantes coincidirían en el Caribe, aunque eran incomparables la situación de un Bolívar de 31 años y con un doloroso fracaso, y la de una Manuela de 17 y en pleno ímpetu festivo.

En 1815, mientras en Jamaica un golpeado Simón se reponía de sus derrotas, Manuela, según su biógrafo Víctor von Hagen, se establecía en la ciudad de Panamá arrastrada por su padre. La mayoría de las fuentes dan cuenta de una larga estancia en esa ciudad caribeña.

Manuela se introdujo muy pronto en la vida disipada y exuberante del trópico; las costumbres eran allí bastante más liberales que en su Quito natal y no era mal visto que una mujer fumase o bebiese. Manuela, que adoptó ambos hábitos, ayudaba de día a su padre en los negocios, puesto que era muy despierta y hábil, pero la noche le pertenecía con exclusividad. Sus amigas Natán y Jonatás conocían en detalle el transcurrir de sus horas nocturnas.

Desesperado con el cariz que adoptaban las nuevas libertades de su hija, don Simón tomó una resolución definitiva. Consciente de la seducción que ella poseía, negoció una boda con el distinguido médico inglés James Thorne. Es innecesario apuntar que con apenas conocerla, el maduro James cayó rendido a los pies de la joven. Todo lo contrario sucedió con Manuela: el hombre la doblaba en edad y carecía de todo atractivo personal.

Natural de Aylesbury, Thorne era un hombre de gran reputación social y profesional, pero rutinario y aburrido. Su ardiente pasión por la juventud de Manuela sólo encontró en ella aceptación voluntariosa, pero nada que fuera sincero o espontáneo. Era evidente que obedecía, sin comprometer sus sentimientos.

Dadas las diferencias de edad, el padre de Manuela dotó a su hija con una suma muy importante para la época: unos ocho mil pesos.

La boda se realizó en Quito el 27 de junio de 1817. Se cuenta que Manuela ordenó tres días de fiesta, y que ésta tuvo lugar en la residencia campestre de Cataguango. Mucho se rumoreó entonces sobre la incansable Manuela, que bailó sin desmayo los tres días, mientras daba largas a un marido que la esperaba ansioso y que además, no sabía bailar. En los inicios del matrimonio, Manuela se quedó en la hacienda, pero muy pronto se estableció en la casa familiar de la ciudad e inició una agitada vida social.

La misma muchacha no daba crédito a su éxito, recibiendo en su casa a muchas mujeres y hombres que sabía que la despreciaban profundamente. Quizá fuera una revancha por su condición social advenediza; lo cierto es que se la veía satisfecha de obligar a esa sociedad a callarse sus reproches y censuras frente al espectáculo de su ventajoso enlace y los halagos de una existencia fastuosa.

Sus audacias crecieron y se comenta, que entre los tantos festejantes que se arrimaron a la casa señorial, reapareció el nunca olvidado capitán Fausto D'Elhuyard. Esto colmó la ya exigida paciencia de James, quien en horas resolvió el traslado de la pareja a la ciudad de Lima. No sería la última vez que la señora de Thorne se reencontraría con su amor adolescente.

De Jamaica a Carabobo

En su retiro y tras un fugaz paso por Nueva Granada, Simón se había establecido en Kingston, desde donde ejerció por algunos años una suerte de divulgación cultural del proceso revolucionario, a la vez que esperaba el momento propicio para retomar la lucha armada.

Numerosas cartas a personalidades del mundo entero y otros documentos de divulgación partieron desde Jamaica, para dar a conocer la cara oculta de la guerra americana y las intenciones más profundas de los patriotas criollos respecto de su territorio. El poder de su pluma le mostró al mundo –que hasta entonces sólo conocía la versión de la metrópoli– el sentir, la entrega y el valor de esa vanguardia local que se resistía a abandonar el ideal libertario. Su mano se develó tan ducha y certera con la pluma como con la espada, a la cual velaba impaciente en ese tiempo de espera. El más famoso de esos documentos es la *Carta de Jamaica*, donde Bolívar analiza el panorama de las luchas, vislumbra el futuro del continente y alcanza a esbozar la idea de la unión colombiana. Mientras tanto, desde su despacho, preparaba la estrategia de reconquista de Venezuela, que no llegaría sin ingentes esfuerzos.

El plan de liberación de Bolívar consistía en iniciar la campaña en Nueva Granada (básicamente, la actual Colombia), liberar Venezuela y continuar hacia el sur; recuperar la estratégica Quito (en ese reino estaba el único astillero y el único arsenal de España en el Pacífico), y llegar entonces al corazón del poder realista: el Perú y el Alto Perú.

Una pieza clave en el ejército de Bolívar era el mariscal Antonio José de Sucre. Activo partícipe de las guerras contra Pablo Morillo, recibiría el grado de general, y más tarde, de manos del propio Bolívar, la Jefatura del Estado Mayor. Sucre sería un compañero fiel hasta el fin de sus días, y juntos planificarían la estrategia militar para la ansiada independencia del continente americano.

Fueron tiempos de lucha, de esperanzas y frustraciones, cuyo detalle no es objeto de este libro, pero que vale la pena conocer mejor (ver Bibliografía). Lo cierto es que la victoria se le mostró esquiva a Simón durante los siguientes seis años, pero llegaría con todos los laureles en Carabobo, el 24 de junio de 1821. Para entonces, el hombre al que vieron ingresar triunfal en Caracas para sellar la independencia definitiva de Venezuela, cargaba en su memoria nada menos que la navegación del Orinoco, la marcha por los llanos y la derrota ante Pablo Morillo, el paso de los Andes, el cruce de las sabanas inundadas y las altiplanicies desiertas.

Pero sobre todo, había materializado un ideal: la fundación de la República de Colombia o Gran Colombia, proclamada en 1819 en base a sus postulados políticos, y que habría de comprender los territorios de Colombia, Venezuela, Ecuador y Panamá.

El Congreso de Angostura, el mismo que declarase la creación de Colombia, le había otorgado, ya en 1820, el título de Libertador. Era mucho lo que llevaba en su haber ese hombre de paso cansino, casi cuarentón, todavía aturdido por la genial victoria en Carabobo, pero aún sediento de gloria.

Manuela de Thorne en Lima

Dejamos a Manuela en 1819. Tres años de lanzas coloradas nos separan del amanecer de Pichincha y del ingreso triunfal en Quito. Tres años sabían a eternidad desde ese presente azaroso y enrarecido por la guerra. Mientras Bolívar batallaba en Nueva Granada, el doctor Thorne elucubraba planes bastante menos heroicos en Quito. Celoso e impaciente, planificaba el viaje a Lima como una salida elegante a su honra, pero íntimamente temía que su mujer se resistiera al traslado a la ciudad peruana. Cuál no sería su sorpresa cuando a su tono imperativo, contestó Manuela con una aquiescencia sospechosa. No había sopesado el doctor que la Ciudad de los Virreyes sólo podía ofrecerle atractivos a la quiteña, brindando un escenario magnífico para el despliegue de su expansiva personalidad.

Pero Manuela tenía más para ofrecer a la historia de esas tierras que sus naturales encantos, y lo más seguro es que ya entonces estuviera en comunicación con los patriotas que, en Lima, adelantaban la hora de la emancipación. Nada ni nadie la retendría en Quito cuando la oportunidad de incorporarse a la vorágine revolucionaria se hallaba tan cerca.

Thorne ya no sabía a qué atenerse con su temperamental mujer, y efectivamente no habría de hallarse más tranquilo en Lima de lo que había estado en Quito. Si antes se había puesto en cuestión su honra y orgullo de marido, en medio de murmuraciones de insatisfacción y cornamentas, ahora el peligro se cerniría sobre sus negocios y su integridad general.

Al sufrido inglés, Manuela le llenaba la casa de gente, pero además conspiraba con revolucionarios peruanos que estaban ya bajo la mirada atenta de la administración virreinal. En Lima, Manuela conoció a Rosa Campuzano, otra ecuatoriana construida de su misma madera. Rosa se hallaba ya en comunicación con José de San Martín, el militar rioplatense y futuro héroe no sólo de la independencia del Río de la Plata, sino también de la de Chile y Perú.

En la Lima del preocupado Thorne y la indómita Manuela, las autoridades virreinales peruanas incrementaban su alarma en la misma medida que progresaba el avance de los ejércitos de Buenos Aires al mando de San Martín, que habían ocupado ya Santiago. Poco antes llegado de España vía Londres, y al frente de un cuerpo de Granaderos a caballo organizado en base a experiencias adquiridas en la guerra de independencia española, San Martín había venido liderando una meritoria gesta histórica. Junto al general O'Higgins había derrotado al ejército realista en Chile, y pretendía culminar ahora su accionar con la emancipación del estratégico Perú. Rosa y Manuela jugarían un papel central en la victoria de Lima. No bien se conocieron, Rosa Campuzano incorporó a Manuela a las actividades conspirativas y de espionaje.

Días y ollas

Respecto de la actividad en pos de trasmitir información estratégica, hay una anécdota formidable recuperada por el peruano Ricardo Palma, y transcrita en sus *Tradiciones peruanas*.

Una de las modalidades más destacadas en el accionar militar del general San Martín fue su uso de los servicios de espionaje. El Libertador se caracterizó siempre por su prudencia y el esmero con que cuidaba a sus soldados; no arriesgaba a sus tropas y elegía siempre con cuidado el escenario de cada combate. Para ello era esencial complementar el ruido de la pólvora con el callado accionar de otras sutiles actividades.

En las acciones de espionaje en la capital virreinal del Perú, participaban miembros de todas las clases sociales limeñas, desde esclavos hasta terratenientes. Uno de los problemas mayúsculos para el desarrollo de esta actividad era la búsqueda del medio seguro de enviar informaciones al campamento patriota; la administración española estaba al tanto del enérgico movimiento subversivo y sabía combatirlo.

Tras el desembarco del ejército patriota en Pisco, en septiembre de 1820, se iniciaron las maniobras en territorio peruano. Al principio no fueron más que escaramuzas; en Huaura, San Martín esperaba ver la rendición del virrey Joaquín de la Pezuela sin disparar un solo tiro, y el medio para lograrlo era debilitar la defensa de la ciudad. Por ello, corrían los mensajeros a un lado y otro de las fuerzas enfrentadas. Muchos caían prisioneros y eran ejecutados. Un día, el General vio pasar el carro del alfarero que, cotidianamente, iba a la ciudad de Lima a vender su carga de ollas de barro. Y entonces concibió una estratagema que daría notables resultados.

San Martín le encargó al artesano la fabricación de una olla de doble fondo, que no pudiera ser detectada por el ojo más experto. A partir de entonces el alfarero viajaría todos los días con su carga de ollas, regresando con las informaciones que la comandancia patriota esperaba. Una nueva contraseña quedaba establecida: "Con días y ollas..." decía uno; "...venceremos" completaba el otro.

La defección del Numancia

Pero uno de los logros más destacados de la actividad sediciosa en Lima fue la defección del batallón realista de veteranos Numancia, que se pasó íntegro a las filas emancipadoras. Y el episodio está directamente relacionado con la actividad subversiva de Manuela Sáenz.

Este cuerpo militar había sido creado originalmente el 17 de diciembre de 1813 en Venezuela, con oficiales y soldados de Guayana destacados en Barinas y hombres reclutados en los llanos venezolanos, y más tarde reforzado con gente de Maracaibo. Su pase de filas no carecía de simbolismo, ya que había formado parte de las fuerzas de Boves, que acabaran con el primer experimento de república independiente en Venezuela, y que obligó al exilio a los patriotas venezolanos, con Bolívar a la cabeza. ¿Cómo sucedió cosa semejante?

El 15 de febrero de 1815 partió de Cádiz el teniente general Pablo Morillo, designado por el rey Fernando VII como jefe de la "Expedición pacificadora", destinada para aplastar la revolución de independencia en Venezuela y Nueva Granada. Eran 65 buques y más de 15 000 hombres que, luego de reducir la resistencia patriota que subsistía en la Isla Margarita, recibieron el agregado del batallón Numancia, con el que partieron hacia Colombia, ocupando de inmediato la plaza fuerte de Cartagena de Indias.

Como parte de las represalias contra los implicados en la insurrección, muchos jóvenes revolucionarios fueron incorporados a la fuerza en aquel batallón. El castigo impuesto se convirtió en uno de los peores errores estratégicos de la expedición de Morillo; muy poco tiempo después, las ideas liberales e independentistas se habían difundido extensamente entre la tropa con la fuerza de un virus. Advertido del error, el general Morillo decidió intercambiar con el virrey del Perú ese batallón (del que no tenía seguridades de fidelidad) por los lanceros y el batallón de Burgos. Así, el prestigioso Numancia quedó consignado en Lima, adonde llegó en febrero de 1819.

Con apenas llegar a la ciudad, el cuerpo militar fue asediado por agentes de San Martín, que buscaban atraerlo a la causa revolucionaria. En estas tareas descollaron López Aldana, Joaquín Campino, Rosa Campuzano y Manuela Sáenz. Esta última contaba, además, con una ventaja nada despreciable: del batallón formaba parte su muy querido hermano José María, quien se abocó con pasión a la tarea de minar la fidelidad del batallón a la causa realista.

El 2 de diciembre se dio finalmente el golpe de mano: el Numancia se sublevó con éxito en lo que se conoce como el "Paso del Numancia", uniéndose con armas y bagajes a la tropa de San Martín. Desde entonces, esta unidad se destacó como una de las mejores del ejército patriota.

Mujeres de amor y armas

El 12 de julio de 1821, el ejército patriota, con San Martín a la cabeza, ingresó en Lima, donde proclamó de inmediato la independencia. Un congreso formado *ad hoc*, temeroso del poder que acumulaba Bolívar en su campaña de Venezuela, lo designó como "Protector del Perú". El general se abocó de inmediato a las necesarias tareas de gobierno: el 28 de agosto dictó la "Ley de Vientres", en favor de los esclavos negros, y suprimió la mita indígena; también creó la Biblioteca Nacional del Perú y fundó la Sociedad Patriótica que, a imagen de la impulsada por él en el Río de la Plata, promovía el establecimiento de una monarquía constitucional, lo que constituía su ideal político.

Manuela había sido una más, no la menor precisamente, de aquellas mujeres que se unieron a la revolución sin dejar de lado su halo seductor y su apego a las lides del corazón.

La noche del sábado 28 de julio de 1821, el Cabildo de Lima organizó una fiesta en honor del "Protector del Perú" y de la independencia recientemente promulgada. En los salones del Ayuntamiento, el general paseaba por los diversos ambientes hasta que de pronto se detuvo, impresionado por la belleza de una dama de cuerpo espigado, boca pequeña y manos delicadas, que vestía de elegante terciopelo bordó y exhibía un generoso escote. Preguntó a su asistente por la identidad de tal prodigio y éste le respondió de quién se trataba, a la vez que destacó su valiosa colaboración para con el bando patriota. El general se acercó a la dama y la saludó con cortesía, haciéndole saber que conocía sus méritos en favor de la causa emancipatoria. Nada tímida, Rosa –que de ella se trataba– le contestó:

"Si lo hubiera conocido antes a usted, señor general, mis afanes hubieran sido aún mayores".

El severo militar no resistiría la seducción de tan bella mujer.

Rosa Campuzano, que contaría entonces con veinticinco años, era, como Manuela, hija de una relación clandestina. Su padre, el rico plantador de cacao Francisco Herrera Campuzano, había tenido un desliz con una bella mulata, Felipa Cornejo. De esta relación nació Rosa, en Guayaquil, en abril de 1796. Su padre reconoció la paternidad en su testamento, y así se hizo Rosa con una interesante fortuna que le permitió establecerse en Lima con mucho lujo, hacia 1817.

Amante de un general realista, Rosa aprovechaba esa íntima relación para obtener información militar que hacía llegar a los patriotas. Más de una vez había cruzado las calles de Lima con proclamas subversivas, que serían pegadas por la noche en las paredes. Había alquilado una casa grande en las afueras de la ciudad, donde ocultaba oficiales desertores que luego trasladaba hasta el campamento patriota de Huaura.

Sus ojos azules, que brillaban sobre el canela de un rostro hermoso, creaban sin duda una imagen irresistible. El general ya estaba casado, aunque eso no fue impedimento para que Rosa se convirtiera en su amante y su compañera más asidua. San Martín se afincó con ella en la quinta La Magdalena, y allí solía recibir el despacho diario que uno de sus ministros le llevaba desde Lima.

La Caballeresa de la Orden del Sol

En reconocimiento a la militancia de las mujeres limeñas en la lucha libertadora, San Martín condecoró a 112 de ellas. Manuela Sáenz y Rosa Campuzano recibieron especialmente su condecoración de "Caballeresas de la Orden del Sol", por su decisiva participación en el episodio del batallón Numancia. La estrecha amistad entre ambas mujeres le permitió a Manuela conocer importantes detalles del carácter del general argentino, que le serían de mucha utilidad cuando, apenas un tiempo después, se suscitara la discrepancia entre ambos libertadores –San Martín y Bolívar– por la situación de Guayaquil.

En Lima se sucedían los festejos y homenajes. Desde luego, Manuela estaba exultante por el triunfo patriota, que con razón juzgaba y sentía como propio. Pero había algunas cosas que le desagradaban y otras que limitaban su expansión. A Manuela le molestaba la distancia hermética de San Martín y cierta rigidez en sus maneras. Lo admiraba, sin duda, pero no era menos cierto que detestaba sus inclinaciones monárquicas.

Otras desavenencias la distanciaban del Protector del Perú. A fines de 1821, Sucre, que se encontraba al norte haciendo avanzar la lucha hacia Guayaquil y Quito, le dirigió una carta al general San Martín pidiéndole encarecidamente que permitiera el retorno del batallón Numancia. Sostenía que aquellos soldados querían regresar a Colombia y que él mismo los necesitaba para continuar su avance sobre Quito. Pero San Martín se rehusó a desprenderse de ese cuerpo, enviándole, en su lugar, otro batallón. Esto disgustó sobremanera a soldados y oficiales del veterano cuerpo militar; entre otros, a José María, y por supuesto a su solidaria hermana Manuela. Se acercaba la batalla de Pichincha, y ella quería estar allí para liberar Quito.

Para entonces, Bolívar ya era leyenda entre los patriotas. Manuela estaba al tanto de sus hazañas y ardía en deseos de conocerle. La joven no era inmune al cosquilleo que provocaba su nombre en los corazones de las huestes revolucionarias. Pero había otra poderosa razón que la llevaba a dejar Lima. Ya no toleraba la convivencia con su marido y percibía su presencia como una carga difícil de sobrellevar. Él la abrumaba con sus celos y sus lloriqueos de abandonado.

A fines de 1821 Manuela consiguió la autorización de Mr. Thorne para viajar a Quito, con el objetivo de reclamar a su tía materna Ignacia Aizpuru la herencia de su abuelo. Su marido, abatido por los devaneos de su esposa con los oficiales del ejército libertador, que comprometían ya su honor y vergüenza, no sólo la autorizó sino que vio su regreso a Quito como un desahogo. Ese viaje significaría la definitiva separación para un matrimonio que se había visto siempre acosado por diferencias de todo tipo. Podría haber funcionado, como de hecho funcionaban la mayoría de los matrimonios arreglados que eran usuales en las clases acomodadas de la época, pero no cabía duda de que Manuela era especial en muchos sentidos.

Pasos providenciales

A principios de 1822, Manuela emprendió su viaje hacia Quito. La tranquilidad de Mr. Thorne estaba supuestamente asegurada al disponer que su esposa fuera acompañada por su suegro, don Simón Sáenz. Pero según el diario que Manuela comenzó a llevar en julio de ese año, la ansiedad por participar en la campaña de Sucre, que ya había entrado en Riobamba, a sólo trescientos kilómetros de Quito, le hizo abandonar a su padre en Guayaquil, para partir al encuentro del ejército patriota.

En un arranque de audacia que la pinta de cuerpo entero, la joven mujer se presentó a colaborar con el ejército independentista como un soldado más, para tomar las armas y combatir en el frente de batalla. Pero la alta oficialidad, después de mucho discutir su ingreso, no dio curso a su pedido. Ni su marido en Lima ni su padre en Quito concedían el necesario permiso. Debe entenderse que las mujeres dependían entonces en lo absoluto de su padre, si eran solteras, y de su marido, si estaban casadas.

Pero Manuela no se desalentaba por los obstáculos. Junto a Natán y Jonatás, que la acompañaban a todas partes, organizó un operativo de espionaje a las posiciones, estrategias y fortificaciones del enemigo, con el objeto de pasar la información obtenida a los generales patriotas. También ayudaba a los patriotas heridos, calmando sus dolores con amapola y bálsamo del Perú. En su diario, describe el movimiento de las tropas y su propia contribución al avance. Consigna haber enviado una recua de cinco mulas con provisiones y raciones completas para el batallón Paya. Y agregaba:

"No espero que me paguen por esto, pero si éste fuera el precio de la libertad, bien poco ha sido..."

El 19 de mayo de 1822, anotó en su diario el inicio de las hostilidades en Pichincha, ya muy cerca de Quito. La misma oficialidad que le vedara su participación en un principio, consignaba ahora su valentía y desprendimiento. Sin duda su atractivo físico –además de la admiración que despertaba por sus condiciones de guerrillera– contribuía a que cosechara la atención de los más altos oficiales; entre ellos, del mismo Sucre.
Manuela no dejó de consignar en su diario el egoísmo y ambición de algunos oficiales. Le comentó eso mismo a Sucre, quien le reclamó más comprensión:

"...Hay que tolerar cierta insolencia de los oficiales, pues de todas maneras es con ellos que se ha logrado la victoria".

Al fin, con el triunfo patriota, Manuela entró en Quito. Había regresado la antigua anfitriona de memorables fiestas, y resultó que para el 25 de mayo se programaban muchos festejos. Reinaba en la ciudad una alegría colectiva (no de todos) por la victoria del mariscal Sucre sobre los realistas. Y la alegría no era de todos, porque los derrotados (aunque no hubieran combatido) también se encontraban en Quito. Simón Sáenz le escribió a su hija desde Guayaquil; temía, con razón, que hubiera represalias contra su hacienda. Manuela lo tranquilizó; ella estaba en comunicación directa con Sucre. Sus méritos en la adhesión a la causa americana eran reconocidos, y le indicó a su padre que nada había que temer.
Un cronista de la época hace constar que "Mistress Thorne" [sic] había llegado de Lima hacia unos días con la intención de vender, entre otras cosas:

"Un zambo esclavo sin seguro de vicios, enfermedades públicas ni secretas, libre de obligación, empeño o hipoteca [...] 300 varas de damasco y 237 pañuelos de casimir".

¿Acaso habría que pensar que Manuela había resuelto dedicarse definitivamente al comercio, abandonando su destacada labor en la revolución? Lo más probable es que, contando con el desconocimiento que la sociedad de Quito tenía de su actividad limeña y su ligazón con el ejército revolucionario, prefiriese mantener cierta opacidad sobre esos antecedentes, de manera que pudiera aprovechar mejor en el futuro su inserción en la ciudad.

Pero también ha de tenerse en cuenta que Manuela nunca había dejado de colaborar en los negocios de su padre y, seguramente, el viaje y su actividad habían generado gastos que había que compensar con ingresos. En cualquier caso, las anotaciones en su diario personal nos hacen saber que soñaba fervientemente con la llegada de Bolívar. Su aguerrido corazón desbordaba de entusiasmo por conocerlo. Y ese momento se acercaba: el 16 de junio de 1822, el Libertador haría su entrada triunfal en Quito. Preparando su corona de flores, allí le esperaba Manuela.

Capítulo III
"Loca y desesperadamente"
(1822)

Si bien Quito se había declarado independiente hacía casi veinte años, lo cierto es que los españoles dominaban aún gran parte del territorio. El 24 de mayo de 1822, el Ejército Libertador del Sur triunfó en la batalla de Pichincha, al Occidente de Quito, con refuerzos enviados por San Martín desde Perú; y bajo el mando del mariscal Sucre y del mismo Bolívar, el cortejo militar ingresó triunfal a la ciudad. Pocas horas después, ante Sucre, el último presidente de la Real Audiencia de Quito, don Melchor de Aymerich, firmó la capitulación. Ecuador era libre.

Fue en ese ambiente de jolgorio libertario donde las miradas del Libertador y de Manuela, el fuego patrio ardiendo en sus pupilas, se unieron de una vez y para siempre. Arribada a Quito pocos días antes, procedente de Lima, esa mañana gloriosa de junio, la joven mujer rebosaba de orgullo, ya que había tomado parte, a su modo, en la victoria de Pichincha. Junto a algunos seres queridos, se había apostado en aquel balcón estratégico que ya hemos mencionado, y desde allí aguardaba con nerviosismo. Luego de la desilusión que sufriera con San Martín, a quien le reprochaba, algo injustamente, su carácter taciturno y sus ideales monárquicos, su corazón patrio buscaba un dueño. Pero bien cierto era que su corazón femenino, su costado más romántico, también estaba vacante. Desde su historia con el joven D'Elhuyard, Manuela no sentía un verdadero sacudón de amor, de esos que marean las ideas y detienen el tiempo. Thorne era el equivalente a un tío lejano en el mapa de sus sentimientos, y no había trazado huella alguna en su alma de mujer. Manuela se ilusionaba, entonces, con la figura de ese hombre al que se le adjudicaba un coraje a prueba de lanzas y el carisma sólo dado a los llamados a escribir, tanto con la espada como con la pluma, las páginas más ilustres de la Humanidad. Porque ella estaba al tanto no sólo de las glorias militares, sino también del profundo pensamiento republicano de Bolívar, y de su habilidad para plasmarlo en escritos subversivos. Como pensadora y revolucionaria patriota, Manuela ya lo amaba. Pero necesitaba conocer el cuerpo que encarnaba ese ideal, la mirada que prometía sueños de grandeza, la mano que empuñaba la grácil pluma y el pomo de la espada. Manuela moría por conocer a Bolívar, el hombre. La media sonrisa y el movimiento de cabeza que él le dedicara durante el desfile bastaron para colmar sus expectativas, y esperaba con ansias un encuentro a solas con él; si fuera posible, esa misma noche. El resto de la tarde, Manuela lo ocupó en procurarse una invitación al baile que darían en honor del Libertador, y en imaginar mil y un encuentros y desenlaces.

Un osado vestido

En el Palacio Municipal se había emplazado una tarima, donde se hicieron los honores correspondientes a Bolívar, que continuaron luego en la Catedral, donde se ofició una misa. Pero lo que esperaba también con entusiasmo el militar llegó por fin, y era el baile que esa misma noche daban las autoridades locales para homenajearlo.

El gran salón de la casa municipal había sido engalanado con esmero, y ningún miembro de la alta sociedad local quiso perdérselo. Los crujientes y amplios vestidos de las damas competían en elegancia entre ellos, y en distinción con los uniformes revolucionarios. En su noche de gloria, Simón ocupaba un lugar central en el salón, y con altivez escudriñaba a las mujeres buscando a la más bella. Su fama de mujeriego ya era notoria, y lo cierto es que pocas se resistían a su halo de poder. El vencedor distaba mucho de ser guapo: era bajo y delgado, de rostro alargado y sombrío, y su nariz era demasiado larga para las proporciones de su cuerpo. Cuando lo oyó hablar, Manuela encontró que su voz era aguda, pero envolvente, y tratando de hallar un símil atractivo la equiparó a la cadencia de un violín.

La mirada de Simón era vivaz, soñadora, y se movía con la agilidad y agudeza de los leones. Su hombría era innegable, y eso era lo que percibían las mujeres más allá de su discutible atractivo físico.

En medio de la fiesta, un vestido de tono vibrante, a lo lejos, cautivó la atención de Bolívar. Era un atuendo osado, sin dudas calculado para impresionar. Pocas mujeres eran capaces y dignas de vestir de semejante manera. De pronto, el anfitrión Larrea abordó a la enigmática portadora del traje, sonrió, le habló al oído y la condujo en dirección al sitio de honor. Simón observó con curiosidad cómo se desplazaba aquella mujer, deslizándose con gracia y a la vez con levedad, como si flotara a milímetros del suelo. Su cuerpo, si bien menudo, como el de todas las quiteñas, era armónico y sensual; sus formas eran resaltadas casi al límite de la indiscreción por el diseño del vestido. Parecía que el dueño de casa había decidido exhibir ante el Libertador la más bella pieza local.

Ya estaban a diez, ocho, tres metros. Seguro de que iban en su dirección, Bolívar la iba recibiendo en silencio, halagado. Y grande fue su sorpresa al toparse, a dos metros de él, con los ojos negro azabache del balcón, fijos ahora en los suyos, con mirada firme y provocativa. La mujer ya sonreía, no sólo con los labios: de cuerpo entero, tomada galantemente del brazo de don Larrea, quien al llegar frente a Simón dijo:

"Libertador, quien está frente a usted es Manuela Sáenz de Thorne, una mujer que ha colaborado inteligentemente con el bando patriota".

Ella hizo una levísima reverencia, que mostró algo más de su gracia, apenas algo, pero que pareció multiplicar su belleza. Simón escuchó y olvidó de inmediato las palabras de Larrea, hipnotizado como estaba ante aquella hermosura. Pero rápido de reflejos, el Libertador de América se dirigió a ella diciendo:

"Mi estimada señora, ¡si es usted la dama que ha incendiado mi corazón al tocar mi pecho con su corona! ¡Si todos mis soldados tuvieran esa puntería, yo habría ganado ya todas las batallas!".

Manuela estaba de pie frente a él, por fin. Si había un temblor, era tapado por el vestido y bien disimulado. Altiva, ella se había preparado para esa ocasión como para ninguna otra, como si el transcurso de su misma existencia no fuera otra cosa que un camino forjado hacia esas brillantes baldosas que ambos ocupaban.

No era una niña la que agradecía el requiebro; los suyos no eran devaneos de ingenua enamorada. Manuela sabía que conquistar el alma de Bolívar era conquistar el alma misma de la revolución. En esa gesta había un lugar vacante, junto al hombre que ahora la observaba embelesado; y ese lugar no podía ser más que suyo. El maquillaje, el tocado, el vestuario, habían sido planificados como un acto patrio, con su cuota de romanticismo y fervor a la vez, tal como ejecutara Manuela sus tareas conspiradoras en el Perú, donde sus encantos femeninos se habían subordinado estratégicamente al ideal libertario. Pero la utilísima ayuda prestada a las células locales de la revolución empalidecía ahora frente a lo que tenía por delante: ni más ni menos que la posibilidad de ser amada por el hombre más grande de América.

Mientras gira un vals

El nombre de la danza de salón por excelencia, el vals, deriva de *walzen*, que en alemán significa "girar". Alguna vez, un decenio antes de que sonara en aquel salón donde todas las miradas se dirigían a una única dirección, había sido tildado de inmoral. Sus alocadas y crecientes rotaciones simulaban los torbellinos de la pasión, mientras los dos bailarines parecían distanciar sus cabezas sólo para que sus ojos se penetraran con dulces promesas. Y en el triunfal aire de aquel salón quiteño, por sobre el murmullo general, comenzaron a sonar, tersos y oportunos, los primeros compases de un vals. El Libertador la invitó a bailar. Sólo el sentirlo tan cerca en medio del bullicio del lugar, el percibir su aliento al aproximarse para hablarle al oído, el notar su mano en la cintura pequeña al empujarla al centro de la pista, le hubieran provocado el desmayo si se hubiese tratado de un temperamento frágil e inocente. Pero era Manuela, y sus piernas no eran de desfallecer o evidenciar temblor. Muy por el contrario, ante un desafío se volvían más firmes, para sustentar su arrojo, su salto a la conquista o la aventura.

65

Y si Simón traía un historial de galanterías con sus cuarenta años a cuestas, y no era la primera vez que se encandilaba por una bella mujer, Manuela no se quedaba atrás a sus veintitantos, muy bien llevados en materias de alcoba.

El centro de la pista los vio girar. Poco a poco, la compostura de Manuela iba cediendo y el influjo que el caraqueño ejercía sobre ella aumentaba. Con los sucesivos giros, el alrededor se desdibujó por completo. La apasionada mujer ya no podía quitar sus ojos ni su pensamiento de aquel varón que, con suave autoridad, la conducía por el salón como si pudiera anticiparse a sus anhelos. Sus movimientos se entendían a la perfección: hombre, mujer y música se fusionaban en un todo sublime que parecía no tener fin.

Pero si ellos eran ajenos al entorno, no tenía su mismo grado de ausencia el gentío que les rodeaba. Los murmullos iban *in crescendo*, como susurrantes abanicos:

"¿Acaso no se trata de la señora de Thorne?" "¡Mire usted qué descaro!" "No es la forma en que se comporta una mujer casada." "No en vano es una hija bastarda." "¡Lo que se concibe fuera de la santidad del matrimonio...!".

Manuela había hecho sobrados méritos para ganarse la antipatía de su clase. Jamás se le había perdonado su desfachatez ni su liberalidad moral, y por cierto, sus comportamientos distaban mucho de ser los de una joven típica. Su singularidad era notoria, y en muchos casos, incómoda, mientras que su serenidad para vivir a contramano de lo que se esperaba de ella desafiaba las bases mismas del rígido código de costumbres americano, emplazado sobre el temor a Dios y evadiendo el estigma del pecado.

Los días venideros darían motivo a los susurros condenatorios. Porque lo que estaba surgiendo esa noche, mientras el vals aumentaba su ritmo vertiginoso sólo para que el mareo justificara que ella se apoyara en el hombro de él para no caer en el último compás; lo que estaban recibiendo ambos en el ceremonioso y final aplauso a la orquesta, que no era sino la bienvenida a algo que intuían y creían merecer, lo que nacía en medio de esos murmullos que serían luego voces, eso que la Historia guardaría junto a las glorias de los ejércitos y el arrojo de los pueblos, eso personal y profundo habría de expirar sólo con la propia muerte de sus protagonistas.

Una estancia breve

Aquella primera noche hablaron de Virgilio y Horacio, de Tácito y Plutarco, de la situación política del Perú y del delicado equilibrio de la lucha armada. Simón descubría en Manuela una aguda inteligencia y un sutil encanto para la conversación, y esto era más de lo que podía esperarse de ella, siendo, como era, una bella y rica aristócrata en medio de la frivolidad de un agasajo nocturno.

Más pronto que tarde comprendieron ambos que ya no se separarían durante la estancia de él en Quito. Ya para entonces, Simón sabía con quién trataba, y de qué se traía la joven impertinente del balcón. Supo de sus dotes de jinete, de su audacia con la espada y de su erudición, equiparable a la de cualquiera de sus oficiales. Conocía de sus relaciones de amistad en las altas esferas del movimiento, incluso con el propio San Martín y con su mariscal Sucre.

Durante la estancia de Simón en la ciudad, los encuentros secretos se multiplicaron, habitualmente en la querida hacienda de Cataguango. Sus amores "eran discretamente nocturnos", según reseña Víctor von Hagen en *Las cuatro estaciones de Manuela*, y de tal intensidad, que no hubo otra mujer en Quito que lograra siquiera hacerle volver a su paso la cabeza al Libertador. Así lo cuenta Von Hagen, el notable biógrafo de esa criatura que lograba el milagro:

"Comenzó a insinuarse en sus relaciones algo diferente y más hondo... Manuela conocía el valor de los espacios vacíos. Comprendía instintivamente cuándo debía ser tierna y apasionada y cuándo debía escuchar en silencio, mientras la charla devolvía el equilibrio al organismo saciado".

Señalada siempre como la escena del amor por excelencia, la estancia de Bolívar y Manuela en la hacienda familiar de Cataguango no se extendió, sin embargo, demasiado. Menos de veinte días más tarde, en medio de ensoñaciones e impregnado por el perfume de Manuela, partió Simón de Quito hacia Guayaquil, para concluir la campaña de unificación de la Gran Colombia. Porque el gobierno colombiano, que Bolívar presidía, no concebía una Gran Colombia sin Quito y sin el agitado puerto de Guayaquil, que desde muy temprano presentaba arrestos autonomistas.

La célebre entrevista

A fines de julio, el Libertador se entrevistaba con su par San Martín. El contenido de esa reunión fue y es secreto, pero lo cierto es que a partir de allí, el argentino abandonaría la gesta patriótica dejándola en manos de Bolívar, y volvería a su tierra para luego optar por el exilio en Francia.

De cómo logró Bolívar que San Martín renunciase a sus cargos en Perú, abandonando la gloria de la última fase de la independencia continental, apareció siempre como un misterio. Lo cierto es que el proyecto bolivariano difería del sanmartiniano en cuanto a la anexión de Guayaquil, la cuestión indígena y el régimen de gobierno que debía prevalecer.

En sus *Ensayos históricos*, Rufino Blanco Fombona da cuenta de que San Martín no podía continuar sin el apoyo clave del ejército de Colombia, comandado por Bolívar. Su último intento sería el de culminar la lucha libertaria bajo su mando; pero Bolívar lo rechazó y el rioplatense dio un paso al costado. "Bolívar y yo no cabemos en el Perú", le escribirá a su amigo, Tomás Guido.

Bolívar logró la incorporación completa del territorio de Ecuador a la Gran Colombia. Luego, sería el régimen republicano el que se impusiera en el territorio liberado. Pero Bolívar, en un acto de reparación, restituirá a su tiempo los retratos de San Martín que Riva Agüero había retirado.

La situación en el Perú

Otro dato a tener en cuenta al analizar aquellos días es que los peruanos, no muy convencidos aún de las ventajas de la "independencia", soportaban mal el dominio de su "Protector" San Martín, sobre todo sus medidas más liberales, las manumisiones generalizadas de esclavos y la abolición de algunas servidumbres impuestas desde tiempos de la conquista a los naturales. A muchos les dolían especialmente las forzosas colectas "patrióticas" exigidas al comercio por el nuevo gobierno.

Lima solía verse en el resto de América del Sur como la París del continente, por ser la sociedad más rica de las colonias españolas. Hasta no hacía mucho tiempo atrás, recorrían sus calles empedradas lujosos carruajes fileteados en oro, con pesados escudos de armas de plata en sus puertas. Mayordomos y servidores de librea y calzones cortos de seda se afanaban en abrir esas puertas y asistir a personajes que se encontraban emparentados con la más rancia nobleza hispana.

Ahora, esa ciudad padecía la persistente crisis de fines del siglo XVIII, más las penas que le sumaba la revolución, desbaratando su antigua hegemonía. Era claro que el proceso de emancipación no estaría seguro en esos nuevos países si no se triunfaba por fin y por completo en el Perú, y ese anhelo parecía entonces arduo. El asunto de Guayaquil había sido resuelto favorablemente para Colombia, y Bolívar recibía las felicitaciones del Congreso de Bogotá por su exitosa gestión.

Mientras tanto, el escaso tiempo pasado al amparo de las tiernas caricias de Manuela aún generaba ensoñaciones en ese militar que, cansado, regresaba a Quito. Apenas había llegado a la ciudad y ya le ordenaba a su edecán Palacios que la buscara con la notita de costumbre: "Ven, ven ahora, te lo ruego...". Y allá acudía Manuela, con el corazón al galope.

Distancia y cartas

Pronto se asentarían en El Garzal, una finca cercana a Guayaquil. Pero en lo sucesivo y hasta fines de 1822, no tendrían casi tiempo de disfrutar de su pasión. La conducción de la guerra retendría por esos meses a Simón en diversas campañas de pacificación por el interior ecuatoriano: en Cuenca, en Loja...

Entretanto, las cartas iban y venían presurosas entre los amantes. Manuela había comprobado en ella la fuerza de un amor nuevo y deslumbrante; Simón veía renacer en él un sentimiento que creía extinguido, y al que de algún modo le temía. Mientras ella demandaba satisfacer los requerimientos de ese amor que la anegaba, Simón, aunque consciente del sacudón que le había significado el encuentro con esa criatura, quería poner resguardos a tanta novedad, tal vez inoportuna, que venía a desestructurarlo, teniendo una enorme tarea por delante.

En julio de ese año y desde su Cuartel General en Guaranda, Bolívar respondió a una carta de Manuela en términos que evidencian las dudas que atravesaban su mente.

"A la distinguida dama, Señora Manuela Sáenz. / Apreciada Manuelita: Quiero contestarte, bellísima Manuela, a tus requerimientos de amor que son muy justos. Pero he de ser sincero para quien, como tú, todo me ha dado. Antes no hubo ilusión, no porque no te amara, Manuela, y es tiempo de que sepas que antes amé a otra con singular pasión de juventud, que por respeto nunca nombro.

"No esquivo tus llamados, que me son caros a mis deseos y a mi pasión. Sólo reflexiono y le doy un tiempo a ti [sic]; pues tus palabras me obligan a regresar a ti, porque sé que ésta es mi época de amarte y de amarnos mutuamente.

"Sólo quiero tiempo para acostumbrarme, pues la vida militar no es fácil, ni fácil retirarse. Me he burlado de la muerte muchas veces, y ésta me acecha delirante a cada paso. Qué debo brindarte: ¿un encuentro vivo acaso? Permíteme estar seguro de mí, de ti y verás, querida amiga, quién es el Bolívar al que tú admiras. No podría mentirte. ¡Nunca miento! Que es loca mi pasión por ti, lo sabes. Dame tiempo. Bolívar."

¿Qué habría querido decir Simón con "retirarse"? Apenas pasados los cuarenta años de vida, había dedicado una década a pelear por todo el continente. Aunque era aún muy joven, ¿acaso pensaba en la posibilidad de un digno retiro? De existir esa idea, habrá sido temporaria y desechada ni bien nacida. En cualquier caso, si persistiera, la voluntad combatiente de Manuela la habría borrado por completo. Porque si ella amaba estar junto al héroe era también, y en gran medida, para acompañarlo a la batalla, para animarlo y no para hacerle desistir de su empeño libertario.

Manuela le contestó el 27 de julio desde la quinta de El Garzal, donde pasaran momentos tan espléndidos. El texto tiene una rara poesía, acorde con lo que a menudo se ha destacado: a pesar de que no contaba con una educación esmerada (apenas tenía los rudimentos de lengua y matemáticas más la lectura obligatoria de los textos sagrados o las vidas de santos que le habían impuesto las monjas), Manuela era capaz de demostrar una ilustración sorprendente en comparación con las mujeres de su época. Y mucho de ello se debía seguramente a condiciones peculiares e innatas en ella, puesto que si así no fuera, no se sabría a qué adjudicar la precisión y belleza de su escritura.

Puede sorprender el encabezamiento formal de aquellas cartas: "A Su Excelencia, General Simón Bolívar", pero su contenido era el de una mujer enamorada que, al modo de los románticos, hacía palpitar su propio sentimiento en todo lo que la rodeaba.

"Muy señor mío: Aquí hay de vivaz todo un hechizo de la hermosa naturaleza. Todo invita a cantar, a retozar; en fin, a vivir aquí. Este ambiente, con su aire cálido y delicioso, trae la emoción vibrante del olor del guarapo que llega fresco del trapiche, y me hace experimentar mil sensaciones almibaradas. Yo me digo: este suelo merece recibir las pisadas de S. E. El bosque y la alameda de entrada al Garzal, mojados por el rocío nocturno, acompañarían en su llegada a usted, evocando la nostalgia de su amada Caracas. Los prados, la huerta y el jardín que está por todas partes, serviríanle de inspiración fulgurante a su amor de usted, por estar S. E. dedicado casi exclusivamente a la guerra.

"Las laderas y campos brotando flores y gramíneas silvestres, que son un regalo a la vista y encantamiento del alma. La casa grande invita al reposo, la meditación y la lectura, por lo estático de su estancia. El comedor, que se inunda de luz a través de los ventanales, acoge a todos con alegría; y los dormitorios reverentes al descanso, como que ruegan por saturarse de amor...

"Los bajíos a las riberas del Garzal hacen un coloquio para desnudar los cuerpos mojados, sumergidos en un baño venusiano; acompañado del susurro de los guaduales próximos y del canto de pericos y loros espantados por su propio nerviosismo. Le digo yo que ansío de la presencia de usted aquí. Toda esta pintura es de mi invención; así que ruego a usted que perdone mis desvaríos por mi ansiedad de usted y de verlo presente, disfrutando de todo esto que es tan hermoso. Suya de corazón y alma. Manuela."

Que Manuela estallaba por dentro es más que evidente tras una lectura aun desatenta de estos párrafos. Bolívar, atareado en las gestiones militares y de gobierno, no se apuraba a contestar, pero tampoco Manuela le daba respiro. Al día siguiente, no muy convencida de la efectividad de su ruego previo, le escribió otra vez confirmando su ansiedad:

"Muy señor mío: Aquí estoy yo, ¡esperándole! No me niegue su presencia de usted. Sabe que me dejó en delirio y no va a irse sin verme y sin hablar... con su amiga, que lo es loca y desesperadamente. Manuela."

Y como si hiciera falta, agrega una posdata:

"Aquí hay todo lo que usted soñó y me dijo sobre el encuentro de Romeo y Julieta... y exuberancias de mí misma."

Por supuesto, ante llamado tan insistente, Bolívar se dirigió rápido hacia ella, apenas terminadas las tareas que más requerían su presencia. Seguramente la bienvenida ofrecida por Manuela habrá sido espléndida; ambos habrán deseado que las horas de ese reencuentro no terminaran nunca ni fueran interrumpidas por los humanos ajetreos.

Los indios realistas

Pero en noviembre de 1822 se produjo un levantamiento realista en Pasto, acaudillado por el indio Agualongo y con el respaldo masivo de toda su etnia. A la cabeza de ochocientos rebeldes, el indio se adueñó de la plaza de Pasto e hizo jurar lealtad a Fernando VII. Bolívar se encargó personalmente de asumir la represión de aquel acto contrarrevolucionario.

Se suele silenciar en la historia americana la participación indígena a favor de la corona española. Es lógico que el pudor fuerce a la mayoría de la historiografía criolla a ocultar una realidad que resulta desdorosa para las finalidades libertarias postuladas por los criollos. ¿Cómo explicar que los sectores más sometidos de la sociedad "indiana" se resistieran a la "liberación" y a la "independencia"? Habrá que decir entonces que la revolución de independencia en América Latina involucró, casi exclusivamente, a los grupos dominantes de la sociedad colonial. Señores de minas y haciendas, los independentistas criollos se encontraban más involucrados en la explotación de negros e indígenas que los propios españoles, recluidos en general en la administración pública. La posibilidad de que la lucha de independencia degenerara en una guerra de clases, constituiría el temor permanente de esa elite criolla, manifestado incluso en muchas oportunidades por el propio Bolívar, que la sufrió en Venezuela con el levantamiento de los llaneros de José Boves. Juan Bosch es contundente en *Bolívar y la guerra social*:

"A pesar de su victoriosa Campaña Admirable, el joven general comprendía que las masas venezolanas no querían la libertad nacional, sino la igualdad social, y como los Borbones de España habían favorecido la igualdad social, las masas de Venezuela peleaban bajo la bandera realista. Bolívar se empeñaba en convertir esta guerra social, a menudo también racial ("guerra de colores", la llamó él algunas veces) en una guerra de independencia, pero las masas no respondían a sus deseos".

Desde Pasto, los comuneros rebeldes se dirigieron hacia el sur con el propósito de ocupar Quito. Entretanto, la mayoría del ejército libertador, a las órdenes de Sucre, se encontraba en camino al Perú, como consecuencia de los acuerdos establecidos por San Martín y Bolívar en Guayaquil, que habían dado por resultado el alejamiento del primero.

La represión hubo de ser rápida y aleccionadora. Pero apenas concluido el combate, ya Simón volvía a empuñar la pluma, ocupándose de quien lo requería desde allá, desde la quinta del Garzal.

Amantes históricos

Son famosas las recriminaciones de Manuela tanto por la brevedad de las cartas de Bolívar como por su escasez. En la mente del Libertador debería pesar la demanda de aquella carta que ella le enviara un mes atrás, respondiendo a la confesión de él de que se hallaba en un lejano lugar, sumido en desazón y aburrimiento:

"Demasiado considero a usted lo aburrido que debe estar en ese pueblo; pero por desesperado que usted se halle, no ha de estar tanto como lo está la mejor de sus amigas, que es Manuela."

Cuenta su edecán que, terminado el pleito, desmontó el general junto a la humilde vivienda de un indígena, vecina al teatro de la refriega, y a la luz de una vela escribió su respuesta para Manuela, que hizo enviar de inmediato por un mensajero:

"...Tú me nombras y me tienes al instante. Pues sepa usted mi amiga, que yo estoy en este momento cantando la música y tarareando el sonido que tú escuchas. Pienso en tus ojos, tu cabello, el aroma de tu cuerpo y la tersura de tu piel y empaco inmediatamente, como Marco Antonio fue hacia Cleopatra. Veo tu etérea figura ante mis ojos, y escucho el murmullo que quiere escaparse de tu boca, desesperadamente, para salir a mi encuentro. Espérame, y hazlo, ataviada con ese velo azul y transparente, igual que la ninfa que cautiva al argonauta. Tuyo, Bolívar."

La mención a Marco Antonio y Cleopatra podría dejar ver esa famosa falta de humildad que se le endilga a Bolívar. Simón atesoraba en su interior la imagen de Napoleón, a quien quería parecerse más que nada en el mundo. Marco Antonio –y hasta quizá Julio César– constituían también para Simón valores usuales de comparación. O Jasón y los argonautas. ¿Acaso sospechaba que su recién nacida historia de amor con Manuela también sería recogida en trazos históricos y literarios? Por su parte, Manuela se había comparado con Julieta. Y como aquella, aguardaba ansiosa las cercanas pisadas del amado.

Capítulo IV
Esas dolientes ausencias
(1823)

El Libertador regresó victorioso a Quito en los primeros días de febrero. La ciudad aún recordaba las cercanas fiestas por el año nuevo de 1823. Todavía rodaban en las calles jirones de papel; residuos de guirnaldas ya deshechas colgaban aquí y allá, descoloridos. El paisaje componía la agridulce imagen de un fin de fiesta.

Por primera vez en años, Bolívar se encontraba realmente enfermo. Su médico personal, el doctor Moore, le había indicado que debía descansar. ¿Cómo hacer que el general se quedase quieto? Para ello estaba Manuela, dispuesta a encargarse de él con el cuidado y la ternura prodigable a un recién nacido.

La bella amante ya había probado sus dotes para la acción, la reflexión política y la confidencia. En pocos días, el general comprobaría que contaba con una ayudante indispensable, capaz de manejar su correspondencia y su agenda con rigor y estilo, obstruyendo delicadamente a los importunos y acercándole las visitas convenientes o que requerían efectivamente de su atención. El placer de verla en esa tarea se hizo hábito, y luego necesidad. Simón se preguntaba ya si le sería posible prescindir de Manuela.

Quizá podría abandonar ese tierno cobijo, esa suerte de "reposo del guerrero", pero Manuela era más que una compañía. Veía por él, latía con él, se entendían con una mirada. Y Simón llegaría a confiar en ella como en sí mismo.

El enemigo en casa

Entre las visitas que Manuela dejaba colarse, se contó la de un joven de tez oscura y mirada viva que a ella ya le había impresionado bien cuando lo conoció en Lima, y a quien ahora, caído en desgracia, ella se afanaba solidariamente en ayudar. Se trataba de Bernardo de Monteagudo, que fuera primer ministro de San Martín durante su gobierno en el Perú.

A Bolívar le caía tan bien como a Manuela ese argentino resuelto y valeroso, con una locuacidad convincente y apasionada. Y ambos hombres compartían el mismo entusiasmo y similar visión acerca de una América unida, independiente y republicana.

Monteagudo acudía a urgir al general para que asumiera la conducción de la guerra en el Perú. Insistía en que la libertad de América estaría en serio riesgo mientras subsistiera ese foco realista, lo que en verdad confirmaba el sentir de Simón y Manuela. Solucionado el contencioso de Guayaquil con la cesión sanmartiniana, restaba ocuparse finalmente del Perú todo, donde el gobierno patriota que sucediera al alejamiento de San Martín se encontraba asediado por los realistas en la periferia de la capital, y enturbiado por las disidencias internas.

De hecho, el Perú no se había propiamente liberado a sí mismo, sino que había recibido su liberación como una imposición extranjera de las montoneras bonaerenses y chilenas. Lima había crecido ejerciendo un monopolio; debía a éste toda su riqueza y la ostentación de su clase dominante genuinamente hispana y noble. En el mantenimiento de ese monopolio y en su sujeción a España había cifrado su prosperidad; sólo un disimulo muy grande ocultaba el odio que sentían por estos advenedizos en el gobierno del antiguo virreinato. La partida de San Martín a Guayaquil para su entrevista histórica con Bolívar había sido aprovechada, en Lima, para derrocar a sus hombres más fieles, y entre ellos había caído su ministro Monteagudo.

Ese mulato educado e inteligente era el funcionario más odiado por la antigua sociedad limeña. Jacobino convencido, se había destacado en la represión de toda conspiración, siendo muy severo hasta con la menor disidencia. Los gestores del golpe de Estado lo habían dejado amarrado en la cubierta de un buque. Había sido humillantemente envuelto en una bolsa de arpillera atada por su extremo, y enviado a Panamá con la advertencia expresa de que sería decapitado si volvía a poner los pies en el Perú. Ahora estaba frente a Bolívar, y aunque algo maltrecho físicamente, sostenía intactas sus convicciones y su entusiasmo.

En estas condiciones de precariedad había quedado el gobierno en Lima cuando San Martín abandonó El Callao con rumbo a Chile. Bolívar no había querido compartir con él la gloria de acabar definitivamente con el poder español en América, derrotando sus restos en su último reducto. Por otra parte, era cierto, carecía del permiso del Congreso de Colombia para abandonar su territorio con fuerzas militares.

Su vicepresidente, Francisco de Paula Santander, controlaba los recursos de la administración y recelaba de involucrarse en una guerra lejana y costosa. Y sólo accedió a que se enviara al Perú una brigada de un millar de hombres –cifra totalmente insuficiente– al mando del general Córdova.

De Paula Santander le había recriminado a Bolívar la campaña que se proponía iniciar, y éste le contestó:

"Usted me repite que debemos cuidar de preferencia a nuestra casa, antes que la ajena. Esto no merece respuesta, porque el enemigo no está en casa ajena, sino muy propia".

Partida hacia Lima

En marzo de 1823 el embajador del Perú, Portocarrero, llegaba a Guayaquil y pedía, más bien suplicaba, a Bolívar que acudiese en defensa del territorio peruano. Traía consigo una carta de Riva Agüero en la que éste le comunicaba que había sido nombrado Presidente del Perú, al tiempo que le solicitaba el envío de cuatro mil hombres de tropa para hacer frente al bloqueo realista y asegurar su novel gobierno. Bolívar contestó:

"Colombia hará su deber con el Perú. Llevará sus soldados hasta El Potosí, y estos bravos volverán a sus hogares con la sola recompensa de haber contribuido a destruir a los últimos tiranos del nuevo mundo. Colombia no pretende un grano de terreno del Perú, porque su gloria, su dicha y su seguridad se fijan en conservar la libertad para sí y en dejar independientes a sus hermanos".

Casi enseguida fueron enviados unos tres mil hombres para corresponder a los solicitados, y en los meses posteriores otros tres mil.

Pero se necesitaba mucho dinero para la campaña, y Bolívar había gastado ya su fortuna personal en esa guerra; sólo contaba con la ayuda de Bogotá, y ésta era controlada por su vicepresidente, el mencionado De Paula Santander, muy remiso a cumplir con las solicitudes del Libertador.

Manuela, cuyos contactos y confidentes se contaban por centenares, le trajo a Simón un comentario escuchado en el palacio de boca del mismo De Paula Santander:

"Dejemos que el Libertador se pase al extranjero, al Perú, sin autorización; a fin de cuentas hace lo que le da la gana. Así será como el Congreso podrá librarse de él y de esa astuta mujer que es su compañera fiel; no le enviamos tropas, ni pertrechos; se joderá la cosa y no sabrá qué hacer ya, sin gobierno ni mando."

Para contrarrestar esas maniobras, Manuela –que ya recelara del vicepresidente de la Gran Colombia sin conocerle– le sugirió a Bolívar que en el curso de su campaña no enviara a Bogotá ningún despacho suyo o de sus subordinados fechado en un lugar fuera de la jurisdicción de la Gran Colombia, más allá de que, ciertamente, ya se operaba en territorio peruano. Bolívar partió de inmediato para Guayaquil, donde se embarcó en el bergantín *Chimborazo* la mañana del 7 de agosto de 1823.

El motín de Quito

El primero de septiembre, Simón presenció una descomunal recepción de homenaje en Lima. Allí estaban toda la administración pública, las tropas acantonadas de los batallones argentinos y colombianos, la aún subsistente nobleza local y la nueva republicana, con sus damas y todas sus galas. Los uniformes rivalizaban en ostentación y colorido, mientras atronaban los fuegos de artificio, las salvas de cañones, bronces y fanfarria, y se agitaban toda suerte de banderas y pabellones militares. Todo para agasajar al Libertador, que en poco tiempo más, a caballo de múltiples dificultades, se convertiría en Dictador del Perú.

Pero... ¿qué había sido de Manuela?
Ella había querido acompañarlo a Lima, pero, repentinamente, Simón decidió emanciparse de una presencia

tan fuerte y cercana. No obstante, su prescindente arrebato duró sólo unos meses. Aunque en Lima le acosaban damas jóvenes y obsequiosas, y él era afecto a las formas y halagos femeninos, Simón no tardó en extrañar a Manuela y en rogarle que viajase a Lima para acompañarlo.

A fin de convencerla, no dudó en adjudicarle un cargo oficial en su ejército; debía asumir la Secretaría de la Campaña Libertadora y manejar el archivo personal de Bolívar. Sin dilaciones, el general le ordenó al coronel O'Leary que realizara los arreglos necesarios para el arribo de Manuela y su incorporación inmediata al Estado Mayor General, con el grado de teniente de Húsares.

Pero si antes se había comparado con Julieta, Manuela para nada era una Penélope. Se había quedado en Quito, sí, pero entregada por completo a la política y a la defensa de la revolución que encabezaba su amado general. A la partida de éste rumbo al Perú, se había enseñoreado allí una intrincada burocracia colombiana y venezolana, subvirtiendo la autoridad del general Bartolomé Salom, instalado en Guayaquil y a quien Bolívar encargara la defensa de la plaza. La corrupción se había apoderado de la administración patriota. Ya Simón había prevenido a Manuela sobre ese nuevo cáncer americano. Por otra parte, las promesas de salarios que debían recibir de Bogotá se convertían en papel mojado, y la ansiedad convertía al ejército libertador en una banda de delincuentes y saqueadores.

Por entonces estalló un motín en la Plaza de Quito. Manuela, sin titubear, se presentó vestida con sus galas militares, y su condecoración de Caballeresa del Sol en la solapa, en la puerta del cuartel del único escuadrón leal que quedaba en Quito. Con ásperas palabras exhortó a los soldados a defender la revolución, y no sólo los convenció: ellos aceptaron combatir bajo su mando.

Como una rediviva Juana de Arco, Manuela irrumpió a caballo en la plaza, al frente de sus soldados. Así, encabezando unas tropas aguerridas y guiando a centenares de entusiastas pobladores apenas armados, habría de restaurar el orden que preconizara el Libertador y que le encomendara al general Salom. La amazona, montando un magnífico potro, iba al encuentro de la Historia. El testigo y escritor Próspero Pereira Gamba hizo una descripción soberbia acerca de su irrupción en aquella plaza:

"Jinete en un potro de color jaspeado, con montura de hombre, pistoleras al arzón y gualdrapa de marciales adornos; vestida a lo turco, con el pecho levantado sobre un dormán finísimo, meciéndose sus bucles bajo un morrión de pieles, garbeada la cabeza por cucarda y plumajes militares, y sus pies por diminutas botas de campaña, con espolines de oro."

En pocas horas, Manuela Sáenz logró reducir la rebelión. Los insurrectos temblaban de rabia al haber sido derrotados por una mujer. El rencor haría que muchos de ellos ya planificaran su venganza. La resolución de la osada mujer había concluido, además, por extirpar las escasas simpatías que aún conservaba entre las clases pudientes quiteñas. Desde entonces, el odio de clase incrementaría el número de calumnias tejidas sobre ella.

Absolutamente fascinado con la escena de la amazona al frente de las tropas, Pereira escribió una carta a Bolívar encomiando la actuación de Manuela. Volvemos a tomar palabras del escritor:

"...parecía la generala del regimiento actuante. El regalo de su amante era perfecto. Por vez primera las calles de Quito vieron lo que tenían que presenciar más tarde otros lugares: el formidable y valeroso impulso de una mujer nacida para la intrepidez, la superioridad, el cumplimiento de un destino excelso. Aquel día salía a la luz el alma heroica de la quiteña; aparece su auténtica personalidad, hasta entonces embozada en alegrías, en exaltaciones, en anhelos, hasta en delirios, como cuando la triunfal apoteosis de San Martín en Lima".

Satisfecho de la impresión causada y orgulloso de su pareja, Bolívar no vaciló en contestar de inmediato al homenaje rendido por Pereira Gamba en el mensaje recibido, y le pidió más detalles. Una corriente continua de impresiones, opiniones y preguntas se estableció entre ambos. Así contestó Bolívar una carta del historiador y literato, que también trabaría una sincera amistad con la quiteña:

"Bogotá, agosto 29 de 1823. Presidencia de la República. Al Señor Próspero Pereira Gamba: Estimado señor y amigo; recibí su apreciable del 16, en la que plasma con calidad sus impresiones, y que me ha llenado del afecto de mis más caros amigos. Usted tiene la delicadeza de ir profetizando como Piscía la largura con que mis caros amigos ven el porvenir de mi unión con Manuela, 'la bella'.

"Sí, mi querido Próspero, usted encontró en ella la dulzura de su trato, y yo tengo el privilegio del halago de sus encantos, en los que Afrodita envidia su cálida hermosura derramada sobre mi existencia, en un derroche de vibrante juventud, que hace de esa quinta la alegría en la cual usted encontró junto a su dignísima esposa doña Petrona, la hospitalidad de Manuela. Ella representa la virtud sobrecogedora de la amistad de esos pueblos del Sur de Colombia para con sus compatriotas.

"Usted la define como 'graciosa' y 'hermosa', además de galante y amigable en su conversación. Escudriña usted bien la personalidad de ella; sólo que en Manuela hay algo diferente: sobresale su cultura, pues ésta nace de la avidez con que cada nueva lectura llega a sus manos, amén de aquellas que conoció antes. Sepa usted, mi estimado amigo, que me siento muy feliz de su apreciable, al saberme tan dignamente representado con toda lucidez y detalles por mi Manuela, en quien deposité la responsabilidad insuperable de ser la anfitriona de Colombia.

"Salude usted de mi parte a su dignísima y guárdeme usted en su corazón con la amistad que usted se digna distinguirme. Dios guarde a ustedes. Su afectísimo amigo, S. E. el Libertador y Presidente, Bolívar."

Un lazo cerrado

Ahora el sentimiento era recíproco. Que la admiración de Bolívar por Manuela era de magnitud similar a la que ella sentía por él, se evidencia en esas cartas del Libertador que la dama jamás conocería. Por lo tanto, sus líneas no tenían propósitos lisonjeros, sino que manifestaban convicciones profundas. Manuela no era ya la joven quiteña seducida por la grandiosidad del militar venezolano; ella resplandecía con luz propia, convencida de su destino histórico y del ideal al que entregaba su vida. Se sabía dispuesta a todo. Ya nada habría de arredrarla, ni siquiera el temor de enfrentar a la familia de su padre –notoriamente realista, con la honrosa excepción de José María–, y a todas las otras familias encumbradas de la colonia, que si antes la despreciaban, ahora la odiaban profundamente.

Bolívar, advertido por los informes que le hacían llegar sus hombres más fieles desde Quito, era consciente de las amenazas que pendían sobre la vida de su amada. Entonces, aún sin haberse afirmado en el tembladeral limeño, la llamó a su lado:

"Cuartel General de Lima, a 13 de septiembre de 1823. A la señora Manuela Sáenz. Mi buena y bella Manuelita:

Profunda preocupación tiene mi corazón, al más de mi admiración por tu valentía al enfrentar sola el anatema de la luz pública, en detrimento de tu honor y de tu posición. Sé que lo haces por la causa de la Libertad, a más que por mí mismo, al disolver, con la intrepidez que te caracteriza, ese motín que atosigaba el orden legal establecido por la República, y encomendado al general Salom en Quito.

"Tú has escandalizado a media humanidad, pero sólo por tu temperamento admirable. Tu alma es entonces la que derrota los prejuicios y las costumbres de lo absurdo; pero Manuela mía, he de rogarte: prudencia, a fin de que no se lastime tu destino excelso en la causa de la libertad de los pueblos y de la República. Prefiero que vengas a Lima, a fin de hacerte cargo de la secretaría de mi archivo personal, así como los demás documentos de la Campaña del Sur. Con todo mi amor, Bolívar."

La situación política del Perú

Simón no solía estar habitualmente de buen humor, sino, más bien, lo contrario. Los golpes de sus botas sonaban a veces furiosos en los pasillos de la residencia. Y es que la situación política era realmente complicada.

No era para nada injustificado su temor a enredarse en el berenjenal limeño, y de hecho no conseguiría evitarlo. A su llegada a Lima, el Perú se encontraba ocupado por tres fuerzas hostiles. Desde Lima al este y al sur hasta el Cuzco, las tropas realistas eran dueñas y señoras del territorio. En Lima ejercía provisoriamente la presidencia, bajo la autoridad del Congreso, el marqués de Torre Tagle. Quinientos kilómetros al norte, en la ciudad de Trujillo, ejercía su presidencia en el exilio José de la Riva Agüero. Su torpe conducción de la guerra, que diera por resultado el saqueo de Lima el 18 de junio de 1823, mientras el ejército patriota al mando del general

Santa Cruz se entretenía en una campaña inútil por el sur del país ocupando los poblados de Arica, Tacna, Moquegua y Oruro, había determinado su deposición por los cuerpos militares con algún apoyo del Congreso. Riva Agüero no se dio por vencido y con las fuerzas que pudo rescatar estableció un gobierno rival en Trujillo. Y eneguecido en su hostilidad al gobierno de Torre Tagle, no vaciló en negociar con el general Canterac, que comandaba la fuerza realista de nueve mil hombres. Sus cartas habían sido interceptadas por el espionaje patriota y ya estaban en el escritorio de Bolívar; éste sabía ahora a qué atenerse.

El ministro de la Guerra, Tomás de Heres, razonaba acerca de la magnitud del peligro español. No se trataba de fragmentos del ejército colonial en desbandada, de tropa mal armada y en condiciones de subsistencia, sino de un aparato de nueve mil hombres perfectamente entrenados, decenas de batallones de infantes magníficamente vestidos y pertrechados, ocho escuadrones de caballería y centenares de piezas de artillería que habían extraído minuciosamente de la fortaleza del Callao antes de retirarse. Bien alimentados y cobrando regularmente la soldada, estos millares de combatientes estaban dirigidos por algunos de los más grandes y experimentados militares españoles que ya se destacaran en la guerra europea.

Por contraste, las fuerzas libertadoras acantonadas en Lima tenían sus rivalidades. Básicamente estaban constituidas por cuatro cuerpos de orígenes distintos, con nula integración y coordinación: el ejército argentino, el chileno, el colombiano y la caballería peruana. Tampoco sus comandantes coincidían en una estrategia unificada para llevar la guerra contra los "godos". Por lo tanto se imponía, antes que elaborar cualquier plan de batalla, reconstruir ese ejército desde sus bases económicas y morales, favoreciendo el reclutamiento, el equipamiento y la regularización de los pagos de salarios.

Para Bolívar, urgía reconstruir la moral y el espíritu de combate de aquellos hombres, minados por las penurias económicas, las disensiones políticas y también –en magnitud considerable– la nostalgia de la tierra lejana, que añoraban luego de tantos años de distancia.

Lo cierto es que, aunque la independencia hubiera sido declarada en julio de 1820, el antiguo Virreinato del Perú no se había extinguido ni formal ni prácticamente. Frente a la ofensiva de San Martín, el virrey Pezuela había sido partidario de negociar una rendición que permitiera el reembarque del importante contingente español de origen y, "...Dios dirá...", quizá una amnistía, un reencuentro que permitiese recuperar los negocios y las fortunas. Pero su comandante militar, el general José de la Serna, no era de la misma opinión, por lo que derrocó al virrey y se abocó a una ordenada retirada desde Lima hacia el sur, sin olvidarse de saquear la ciudad para llenar sus cofres, y la fortaleza del Callao, como ya se dijo, para no dejar artillería ni munición a la tropa invasora.

De la Serna estableció finalmente en el Cuzco su comando y centro de la reorganización y refuerzo de su ejército, y desde allí hostigaba con pequeñas partidas a las poblaciones en manos patriotas. Esta ciudad era ahora el centro de un nuevo virreinato reconstituido.

A todo ello se debía el enérgico taconeo de Bolívar por las losas de su residencia limeña.

¿Apenas una señora?

En estas encrucijadas se encontraba Simón, cuando, en octubre de 1823, desembarcaba Manuela Sáenz en Lima. Como lo haría una pacífica mujer burguesa, para el inadvertido ojo de algún testigo, bajó la planchada del bergantín *Helena* con sus dos mucamas negras, sus cofres de ropa y sus perros.

Su llegada no fue bien vista por algunos de los oficiales de Bolívar. El general venezolano Jacinto Lara le reprochó el arribo personalmente a su jefe con estas palabras:

"Mi general, estamos para salir a combatir a los godos y está usted cargando con mujeres. La señora Sáenz ha llegado ayer procedente de Quito, en unión del doctor Bernardo Monteagudo".

Bolívar lo miró fijamente a los ojos y, con tono de disgusto, le respondió:

"Mi general, ella es más que una señora: es una mujer, una guerrera de nuestra causa. Observo cuánto desconoce usted, mi general, las victorias que le debemos a esa señora, que sólo viene a auxiliarnos".

Manuela se asentó en Lima y asumió sus nuevas responsabilidades. El Libertador demostraba la profunda confianza que tenía en Manuela, quien, a su vez, aprovechaba la oportunidad para demostrar su capacidad organizativa, su entereza y fidelidad para con Bolívar y la causa patriota. Pero Simón, aunque no había disminuido un ápice su amor por la quiteña, ciertamente había aprovechado al fin su estancia en Lima para –como había sido su vieja costumbre– explorar otros dormitorios. En ese sentido, las crónicas sobre sus hazañas amorosas son casi tan famosas como las que refieren a su periplo libertador.

Las amantes del Libertador

En la ciudad peruana, Bolívar se las ingenió para atender las demandas amorosas de Aurora Pardo, una notoria dama local y caracterizada realista, a la que sedujo en una velada realizada en honor al mariscal Sucre. Las crónicas refieren que en pleno desarrollo de la fiesta, Aurora gritó "¡Viva España!", para atizar a los militares patriotas. Seductor, Bolívar la invitó a bailar y desplegó frente a ella sus acostumbradas dotes. Tal pareja de baile no intimidó a la bella Aurora. Entonces, él la exhortó: "Dile a Bolívar 'Viva España', como has dicho antes...", a lo que la dama contestó: "Pues si tú eres Bolívar... ¡Viva la gloria!". A partir de allí, las calles de Lima se poblaron de murmullos que describían las hazañas de los furtivos amantes.

Simón tendría también, aunque en 1825, una amante norteamericana, la joven Jeannette Hart, a la que conocería en el puerto del Callao, en una recepción a bordo de la goleta que traía al Encargado de Negocios norteamericano en el Perú. Por ella estaría a punto de batirse a duelo con un celoso militar yanqui y asistente del comodoro Hull, llamado Jack Percival. Ni siquiera en la misma Quito, donde Manuela era local, omitiría Bolívar la tentación de serle infiel. En esa ciudad conoció a Joaquina Garaycoa, a quien llamaban "La Gloriosa". Y en Bolivia se prendió de la candidez de Benedicta Nadal. A esos nombres habría que sumar los de Josefina Machado, Asunción Jiménez, Luisa Crober, Isabel Soublette, Juana Pastrano y otras.

La enumeración no es completa, sino sólo ilustrativa de un inveterado gusto por unos lances menos cruentos, pero a veces tan arriesgados como los guerreros. Todas esas mujeres, a quien Bolívar dedicaría su atención en períodos más o menos extendidos, habrían de dejar huellas en su alma, aunque tal vez pocas como la dulce Manuela Madroño, con la que habría de celebrar su triunfo de Ayacucho.

Manuela Sáenz, en todo caso, no fue su única mujer, ni mucho menos. Pero nadie duda que, valiendo por sí misma, fue la que se le equiparó en altura, la mejor.

El arete indiscreto

Manuela no ignoraba ni le eran indiferentes los devaneos de su amante. En Lima y en principio, se consagró con una dedicación absoluta al cuidado del archivo del general, pero también comenzó a vigilar su cama. En ella encontró un día un arete de perlas, seguramente extraviado o adrede dejado por alguna dama. Entonces fue Manuela la, sin duda, extraviada.

El mismo Bolívar, que enfrentara sin pestañear tantas batallas, temió en esa oportunidad por su vida, frente a la furia desatada de esa mujer. Con sus uñas, Manuela arañó de tal modo su rostro, que el general dejó de hacerse visible por semanas.

En diciembre de 1830, detenido por fin en la quinta de San Pedro Alejandrino, un Simón moribundo habría de mostrarle una cicatriz en su oreja al coronel Luis Perú de Lacroix, que lo asistiera en su agonía. El Libertador referiría entonces el famoso episodio del arete con estas palabras:

"Me mordió fieramente las orejas y el vientre. Casi me mutila... Pero tenía razón: yo había faltado a la fidelidad jurada y merecía el castigo. Estuve invisible más de una semana, mis secretarios me disculpaban con la fórmula: *Su Excelencia padece una fuerte gripe...*"

Desde luego y como suele suceder, la reconciliación amarró aún más a los amantes. En esos meses disfrutaron de un encuentro cotidiano y extenso. Pero antes fue preciso que Simón reconquistara su voluntad herida.

Son cinco las esquelas que se conservan del altercado. En ellas, Simón suplica el perdón de Manuela, y vale la pena citarlas para mostrar el carácter de sus relaciones. Solitario en La Magdalena, Simón escribe el 29 de octubre:

"Señora Doña Manuela Sáenz. Señora: mi deseo es que usted no deje a éste, su hombre, por tan pequeña e insignificante cosa. Líbreme usted misma de mi pecado, conviniendo conmigo en que hay que superarlo. Vengó ya usted su furia en mi humanidad. ¿Vendrá pronto? Me muero sin usted. Su hombre idolatrado. Bolívar".

Sin obtener respuesta, a las seis de la tarde del mismo día el desesperado amante envió esta otra esquela:

"Nunca después de una batalla encontré un hombre tan maltratado y maltrecho como yo mismo me hallo ahora, y sin el auxilio de usted. ¿Quisiera usted ceder en su enojo y darme una oportunidad para explicárselo? Su hombre, que muere sin su presencia, Bolívar."

Y otra vez, a las siete y media de la tarde:

"Señora: en mi situación, ya no encuentro otro recurso que el de levantarme como Lázaro e implorar su benevolencia conmigo. Sepa usted que parezco perro de hortelano castigado por jauría. ¿No se conmueve usted? Venga, venga pronto, que me muero sin usted. Bolívar".

Y otra vez, a las ocho y a las nueve. Simón se mostraba exasperado y le exponía a Manuela su angustia:

"Señora: medite usted la situación. ¿Acaso no dejó de asistirme en unos días? Yo imploro de su misericordia de usted, que proviene de su alma pura; no me deje morir de amor sin su presencia. ¿Puedo volver a llamarla 'mi bella Manuela'? Explíqueme qué conducta debo seguir respecto a usted, Suyo, Bolívar."

Y a las nueve y media:

"Mi adorada Manuelita, el hincarme la porcelana iridiscente de tu boca fue el flagelo más sutil demandado por mortal alguno en la expiación de su pecado; tus dedos se adhirieron a mi carne, como en las breñas de la ascensión al Pisha, para darle a este hombre (tu hombre) un hálito mortal, en la contemplación de tu divinidad hecha mujer. Perdóname. Tuyo, Bolívar".

Obviamente, los requiebros y ayes angustiosos lograron su cometido. Y Manuela acudió presurosa junto a la cama del general.

En los días posteriores, ella aplicaría dulcemente sus manos sobre el rostro amado con todas las caricias que la piel herida demandaba, mientras los secretarios del Libertador se encargaban de desocupar su agenda.

Capítulo V
Hacia la batalla final
(1823-1824)

Manuela se tomaba muy en serio sus deberes, y así trabó una amistad profunda con el principal secretario de Bolívar, el coronel Juan Santana, y un compañerismo no menor con su asistente, el pelirrojo José Palacios; también con José Pérez y con el joven Diego Ibarra, un primo lejano de Simón.

Como lo hiciera cuando encabezara las fuerzas leales en Quito, Manuela se vestía para la ocasión. No le conformó el nombramiento de Húsar que le asignara O'Leary, por lo que se otorgó ella misma el grado de coronela, y se presentó en el Cuartel General que Bolívar estableciera en la residencia de La Magdalena, apenas a doce kilómetros de la ciudad y frente al mar, con una casaca azul con vueltas y cuello rojos; en sus charreteras doradas, una tira de paño azul indicaba el rango; junto a éste se hizo bordar en plata una hoja de laurel. Durante el día, cada uno estaba en sus cosas, pero al oscurecer, Manuela se acercaba a la habitación del general. La pasión entre ambos no impedía la ternura y el compañerismo. A veces pasaban noches enteras hablando, cuando no se tendía él sobre un diván mientras Manuela le leía en voz alta y pausada.

Irritando a los conservadores

Aunque el casi olvidado Mr. Thorne se encontraba entonces en Chile, no puede obviarse que Lima era el lugar de residencia del matrimonio, por lo que la presencia de Manuela en la estancia de La Magdalena generaría un escándalo de proporciones, diseminado en todo tipo de corrillos por la ciudad. Para colmo, la altiva Manuela se había enemistado con Josefa, la señora esposa del marqués de Torre Tagle, acusándola de poca lealtad republicana. El misántropo Santana, que la quería bien, confesaría luego en una memoria:

> "En Lima, Manuelita se comportó con terrible imprudencia. Se convirtió en una 'Mesalina'. El edecán del general me contó algunas cosas increíbles que sólo Bolívar ignoraba. Pero los amantes, cuando están enamorados, son tan ciegos como los maridos."

Y para colmar el descontento casi sedicioso de la clase señorial limeña, acababa de aparecer, con su diamante en el alzacuello, sus zapatos de tacón y empapado en agua de colonia, el mismo Bernardo de Monteagudo, de quien se libraran un año atrás. Con una extensa carrera en las filas revolucionarias, caracterizado por su radicalismo, ese hombre era sin dudas "la bestia negra" de la reacción conservadora. Por el momento. nada podían hacerle, puesto que se encontraba bajo la protección de Bolívar, pero muchos asesinos afilaban sus cuchillos y esperaban su oportunidad. La ocasión se les brindaría en la noche del 25 de enero de 1825. Su homicidio sigue conteniendo elementos misteriosos que nunca han sido aclarados.

Pero aún en noviembre de 1823, Bolívar confiaba en reunificar lo conquistado por su antecesor San Martín. El 15 de ese mes se embarcó con toda su flota rumbo a Trujillo.

En Lima quedaba Manuela, como su pilar más fuerte, manteniéndolo cotidianamente informado de las intrigas que proliferaban en la ciudad. A esta tarea, la mujer una vez más consagró toda su energía en los próximos meses. Desafortunadamente su esfuerzo no conseguiría evitar la caída de Lima en manos realistas.

Miradas coincidentes

Cabe imaginar la impronta dejada, no sólo en la ciudad limeña, sino en todos lados, por esta mujer decidida, amiga de hacer desplantes, de irritar tanto como de restañar heridas con dulzura, capaz de exhibir la más bella gracia femenina en crujientes vestidos y de vestir luego la guerrera, las botas de campaña y saltar al lomo de su corcel. Así, por ejemplo, Juan Francisco Ortiz, historiador colombiano, contemporáneo de ella, nos ayuda a evocarla con su testimonio:

"Tenía, cuando la conocí, veinticuatro años, el cabello negro y ensortijado, los ojos también negros, atrevidos, brillantes; la tez blanca como la leche y encarnada como las rosas; la dentadura bellísima. De estatura regular y de muy buenas formas, de extremada viveza, generosa con sus amigos, caritativa con los pobres. Valiente, sabía manejar la espada y la pistola. Montaba muy bien a caballo, vestida de hombre, con pantalón rojo, ruana negra de terciopelo y suelta la cabellera, cuyos rizos flotaban por su espalda...".

Es la descripción de un admirador, pero más sorprende la imagen que tuvo de ella una mujer que fue su rival en la conquista de Bolívar. Se trata del testimonio que dejara la norteamericana Jeannette Hart, que la observara curiosa durante sus traslados por la ciudad de Lima.

"Era bastante extraño ver a esta mujer en público sin estar cubierta por un velo... Con su cabeza descubierta podía apreciarse su cabello negro, recogido atrás en un gran moño... La dama me pareció extraordinariamente atractiva, aunque se notaba en ella una energía y consistencia masculina, y el vello de un bozo en el labio superior aumentaba esa impresión de virilidad en aquel rostro enmarcado por dos grandes ojos negros. Sin necesidad de preguntar, me di cuenta de que aquella dama era la llamada cariñosamente Manuelita Sáenz".

Cae la "Ciudad de los Virreyes"

Así la había bautizado hacía siglos el conquistador español Francisco Pizarro. Lo cierto es que las noticias llegadas desde esa acosada Lima a través del correo de Manuela eran inquietantes para Bolívar. Al menos, la situación en Trujillo era tranquila.

Al llegar el Libertador a esta última ciudad, se había encontrado con que sus propios jefes militares habían tomado prisionero a Riva Agüero por cargo de traición, y que había sido recompuesta la plaza con mandos leales. A pesar de la demanda insistente de Torre Tagle de que se ahorcara o fusilara a su rival en desgracia, Bolívar tomó la juiciosa resolución de ser magnánimo con los derrotados. Incorporó a su propio ejército a muchos de los oficiales y soldados rebeldes y permitió que Riva Agüero partiera al exilio en Bélgica.

Asegurada la ciudad con nuevas tropas de recambio, Bolívar, consciente de la situación apurada que vivía su gobierno en Lima, se embarcó de inmediato de regreso a El Callao. Pero el desgaste físico sufrido por un cuerpo que ya se encontraba asediado por la tuberculosis, lo tumbó en medio del viaje. Fue preciso incluso detener la nave en una cala a mitad de camino. La situación era preocupante: Bolívar estaba postrado, tosía permanentemente y escupía sangre de a ratos. Su médico, el irlandés Moore, ordenó su descenso a tierra y allí, en la aldea de Pativilca, improvisó los cuidados imprescindibles para paliar el violento deterioro de la salud del Libertador.

La noticia de su enfermedad –y hasta el rumor de su misma muerte– envalentonó a la reacción, a la vez que sembró el temor entre los dubitativos patriotas limeños. Manuela había informado ya a Bolívar de que el propio Torre Tagle se encontraba en tratativas con el general De la Serna. El 4 de febrero de 1824, la fortaleza del Callao era rendida desde su interior por una infiltración. Días después, Torre Tagle y sus subordinados abrían las puertas de Lima a la ocupación realista.

Manuela, que había previsto ese desenlace con anticipación, ya había embalado y cargado el gigantesco archivo de Bolívar para sustraerlo a su captura por las tropas españolas. El 12 de febrero, éstas penetraron en la ciudad por la puerta del Este, y en cuestión de horas cercaron las cinco entradas de la muralla para impedir la huida de los patriotas.

Manuela era sin duda una de las presas más codiciadas por los atacantes. Por fortuna, se encontraba hacía ya una semana en la quinta de La Magdalena, bajo el resguardo de un escuadrón de caballería al mando del general sanmartiniano Miller, concluyendo las tareas para la partida. Pero la noticia los obligó a salir de urgencia a la búsqueda de la retaguardia patriota en Jauja. Unos días antes, enterada de la enfermedad de su amante, Manuela le había escrito a su hombre relatando las novedades en Lima:

"Por correo he sabido de su desgracia de usted. ¿No ve usted señor por usted mismo? Corro a su lado hasta Pativilca. Escribo muy de prisa por el ansia que tengo. Mañana salgo con unos patriotas y tropa de Lima, pues son noticias frescas el que los peninsulares, junto con los traidores de Torre Tagle, dan ultimátum a esta ciudad; y hallo justificación en hacerlo, porque para usted su salud no cuenta. Yo bien sé que por mi compañía usted se sentirá mejor, dando al traste con todas sus desgracias, que yo puedo ser remedio de sus males. ¿Me espera usted? Su amiga desesperada por verlo que es, Manuela".

El informe redactado por el cónsul norteamericano a su presidente John Quincy Adams, es aún más preciso en cuanto a señalar qué era lo que de verdad había ocurrido:

"Señor: el día 4 del mes último [febrero] las tropas negras de Buenos Aires, a quienes había sido confiado el castillo del Callao, se amotinaron en número de unos 1100 y, arriando la bandera del Perú, se negaron a reconocer la autoridad del presidente y del Congreso, hasta que se les satisficieran las pagas atrasadas. Al cabo de una semana, los negros liberaron a los presos confinados en la fortaleza, izaron la bandera española y enviaron un agente al general realista Canterac para darle cuenta del suceso. Un cuerpo de mil españoles acudió a sostener a los conspiradores."

Después, el gobierno no había tenido más que abrir de par en par las puertas a los sitiadores. La restaurada Lima volvería a ser saqueada y muchos cuerpos quedarían balanceándose de sus estirados cuellos.

Una senda con celos

Entretanto, Manuela continuaba una penosa marcha para alcanzar el cuartel general de Bolívar en Huaraz. Ya le había llegado el rumor de que su hombre (el enfermo) se había metido en la cama con una adolescente de la que no quería separarse. Los celos, otra vez, nublaban su entendimiento, y desde la aldea de Huamachuco le escribió a Bolívar en mayo:

"Señor mío: He de decirle a usted que mi paciencia en no ver su ánimo disponible hacia su amiga, que lo es sincera, tiene un límite. Usted que tanto hablaba de corresponder gentilmente a los amigos, duda en escribirme una línea; esto me provoca una agonía fatal, pues no encuentro que satisfaga mis interrogantes acerca de usted o de su comportamiento austero, aunque diplomático. ¿He de preguntarle a usted mismo? No, porque ni siquiera piensa en mí, ni su respuesta es espontánea. Téngame un poco de amor, aunque sólo sea por lo de patriota. Manuela".

La marcha era lenta y la ansiedad creciente. Al no recibir respuesta, Manuela, cada vez más inquieta, resolvió referir a su amante la íntima convicción del engaño que éste encubría. Indignada, le escribió una breve carta:

"Me pregunto a mí misma si vale la pena tanto esfuerzo en recuperarlo a usted de las garras de esa pervertida [se refiere a Manuela Madroño] que lo tiene enloquecido últimamente. Diría usted que son ideas absurdas. He de contarle que sé los pormenores de muy buena fuente, y usted sabe que sólo me fío de la verdad. ¿Le incomoda mi actitud? Pues bien: tengo resuelto desaparecer de este mundo, sin el 'permiso de su Señoría', ya que no me llegará a tiempo, debido a sus múltiples ocupaciones... Manuela".

Atemorizado por el siempre inquietante arribo de su compañera, pero, sobre todo, por el nada calmo aviso de sus últimas cartas, Bolívar decidió hacer a un lado sus inclinaciones más recientes y adecentar su vida para recibir a la querida Manuela.

El nuevo desafío

En carta de junio de aquel año, desde su cuartel general en Huaraz, Simón la invitaba a acompañarle en la campaña militar que emprendía hacia Junín. No le ocultaba las dificultades, aunque sabía que ellas no le harían retroceder:

"Manuelita, mi adorada: Tú me hablas del orgullo que sientes de tu participación en esta campaña. Pues bien, mi amiga: ¡Reciba usted mi felicitación y al mismo tiempo mi encargo! ¿Quiere usted probar las desgracias de esta lucha? ¡Vamos! El padecimiento, la angustia, la impotencia numérica y la ausencia de pertrechos hacen del hombre más valeroso un títere de guerra. Un suceso que alienta es el hallarse en cualquier recodo con una columna rezagada de godos y quitarles los fusiles. ¡Tú quieres probarlo! Hay que estar dispuesto al mal tiempo, a caminos tortuosos, a caballo sin darse tregua; tu refinamiento me dice que mereces alojamiento digno, y en el campo no hay ninguno. No disuado tu decisión y tu audacia, pero en las marchas no hay lugar a regresarse. Por lo pronto, no tengo más que una idea que tildarás de escabrosa: pasar al Ejército por la vía Huaraz. Olleros, Chovein y Aguamina al Sur del Huascarán.

"¿Crees que estoy loco? Esos nevados sirven para templar el ánimo de los patriotas que engrosan nuestras filas. ¿A que no te apuntas? Nos espera una llanura que la Providencia nos dispone para el triunfo. ¡Junín! ¿Qué tal? A la amante idolatrada. Bolívar".

Desde Huamachuco, campamento transitorio de esa muchedumbre de soldados, bultos y sirvientes que se trasladaba a marcha forzada por la sierra, Manuela contestó entusiasmada por la invitación. Si Bolívar esperaba producir algún temor con la descripción sucinta de las dificultades que atravesaba el esfuerzo emancipatorio, sería definitivamente frustrado. La alegría de Manuela se revela en la respuesta que le enviara en esos días de junio de 1824:

> "Mi querido Simón, mi amado: las condiciones adversas que se presentan en el camino de la campaña que usted piensa realizar, no intimidan mi condición de mujer. Por el contrario, yo las reto. ¡Qué piensa usted de mí! Usted siempre me ha dicho que tengo más pantalones que cualquiera de sus oficiales, ¿no? De corazón le digo: no tendrá usted más fiel compañera que yo y no saldrá de mis labios queja alguna que lo haga arrepentirse de la decisión de aceptarme. ¿Me lleva usted? Pues allá voy. Que no es condición temeraria ésta, sino de valor y de amor a la independencia (no se sienta usted celoso). Suya siempre, Manuela".

Manuela tendría por fin su lugar central en medio de esa guerra, pero le llevaría meses arribar al campamento de Bolívar. Tendría un lugar en la gran Historia de América. En el medio se interpondrían la pampa de Junín y el horizonte de Ayacucho. Puesto que ella quería ser combatiente, había sido llamada; un destino de espesor y jerarquía le esperaba en aquel ejército de patriotas.

Los recordados y los sin nombre

Manuela seguía el camino que otras mujeres de su tierra y del Perú recorrerían en ese tiempo, aunque los libros hoy las recuerden menos. María Parado de Bellido sería fusilada en Ayacucho por negarse a dar los nombres de los patriotas implicados en la revolución. También moriría así Emeteria Ríos de Palomo, en Canta, y en Tarmá se eternizaría Paula Huamán, como Eufrasia Ramos en Jauja.

En la pequeña población de Concepción, vecina a las pampas de Junín, en que tendría lugar la batalla entre realistas y patriotas, la humilde Bonifacia Pando había sido condenada a la pena de doscientos azotes, que soportó estoica junto al cuerpo muerto de su esposo, el patriota Paulino Monje.

No sería justo silenciar la profunda colaboración de gran parte de las clases humildes, de los desposeídos y humillados de la colonia, con el esfuerzo patriota. Allí está para destacarse con brillantes colores la epopeya de las "montoneras", agrupaciones guerrilleras argentinas y peruanas, que hostigaban sin pausa a las tropas españolas. Mal armados y con nula formación militar, esos guerrilleros se convirtieron en la base de la caballería patriota. Operaban en grupos de entre cincuenta y cien hombres, y sus líderes más conocidos fueron Francisco Vidal, Gaspar Huavique, José Urbiola, Baltasar Orrantia, Ignacio Ninanvilca y el oficial argentino Isidoro Villar, a quien San Martín nombró comandante en jefe de las guerrillas de la sierra. Ahora algunos de ellos acompañaban la vasta columna de carretas y mulas que escapaba de Lima.

Al frente de aquella multitud cabalgaba el reducido escuadrón de caballería patriota al mando del general Miller, un veterano inglés que se convirtiera en soldado a los dieciséis años y, aún adolescente, combatiera en España contra Napoleón. Después de Waterloo, sintiéndose ocioso, el militar se había marchado a Buenos Aires, y desde entonces se había convertido en un baluarte de las fuerzas independentistas en decenas de combates por toda la geografía sudamericana. Sólo a él respetaba la abigarrada muchedumbre de montoneros, la mayoría deudores de abultadas cuentas con la ley. Ese gringo de ojos azules, rengo por un balazo en la pierna izquierda, tenía también la cara quemada por la explosión de un cohete "congreve", recuerdo de cuando atacara la flota española en El Callao.

Estoico y sólido sobre su cabalgadura, avanzaba con las riendas firmemente enlazadas en su mano izquierda, inutilizada por la metralla. Manuela contaba con él y con O'Leary como los amigos más queridos y leales. Y los dos eran confesos admiradores de la "Caballeresa del Sol", ahora teniente de Húsares, cargo con el que Bolívar la convocara al ejército.

Patria que anda

Mientras tanto, Simón se afanaba en Huarás por armar a ese ejército de desarrapados con la plata y el oro que expropiaba a las iglesias, y con la chatarra de hierro y bronce que podía juntar en las aldeas. El *charqui* (o tasajo) de llama que proveían los indios se acumulaba en las cuevas de los Andes junto al arroz, la sal y las hojas de coca que mantendrían andando a esa tropa, hasta alcanzar las alturas de la montaña donde Bolívar pretendía presentar batalla a una hueste realista de casi diez mil hombres.

Manuela, entretanto, fatigaba las mulas azuzándolas para llegar cuanto antes al campamento de su amado. Y en esas estaban, cuando Simón se dio una vuelta por Huamachuco. Hubo una deliciosa reconciliación y Manuela se mostró tan fogosa como siempre, a pesar del rencor que cargaba por las constantes infidelidades de su hombre.

Sólo dos días permaneció Simón en el improvisado puesto que estableciera Manuela en Huamachuco, pero ambos los sintieron gloriosos.

De inmediato Simón partió para Huarás, no sin antes encargarle otra vez a Miller que velase por la seguridad de su amada, y encarecerle especialmente que apurase esa numerosa caravana con rumbo al cuartel general.

Trujillo, Huarás y Huánuco se convertían en las etapas iniciales de esa travesía grandiosa que escalaba las alturas de los Andes para buscar con ansiedad a su enemigo. En Trujillo, consciente Bolívar de que ya no era posible retroceder, decidió radicalizar la revolución amputándose definitivamente el tibio apoyo de los antiguos terratenientes de la región. El 8 de marzo había decretado el reparto de tierra entre los indígenas y la supresión de los cacicazgos. Comprometido con la acción de gobierno, aprovechó su estancia allí para fundar la Universidad de Trujillo; y preocupado por las deserciones en su tropa y el avance de la corrupción, estableció la pena de muerte para los desertores, que después extendió a...

"...todo empleado de Aduana, Resguardo o Capitanía de Puerto, o cualquier otro destino de Hacienda Pública, que tomare parte en los fraudes que se cometan contra ella".

Manuela arribó a Huarás con la ilusión de encontrar allí definitivamente a su Simón, pero descubrió que el general había partido dos días antes en tareas de inspección de la tropa que incesantemente se trasladaba por el trajinado camino a Huánuco. Sin manifestar en absoluto su desilusión, aprovechó su estancia allí para abandonar por un tiempo las ropas militares.

Otra vez apeló a sus ricos vestidos y a la devota habilidad de Jonatás para el arreglo de su cabello en una tiara elevada, que realzaba el brillo de sus negras trenzas. Simón Bolívar se ausentaba, pero sus oficiales aprovechaban como un refresco la llegada de mujeres que quebraban por un instante la rutina militar. O'Connor, el coronel Sandes, el capitán Simpson y hasta el propio general Sucre ponían ahora un empeño desusado en lustrar las botas, correajes y el tahalí de sus sables, cepillando con energía los uniformes de gala tanto tiempo escondidos en baúles; en especial para concurrir al banquete organizado por Manuela y sus sirvientas.

Una vasta provisión de vino español, secuestrada a un correo del virrey, alegraría la velada. Para los muchos oficiales ingleses e irlandeses, como O'Connor, Ferguson, Miller, Simpson y Sowerby, el comando atesoraba decenas de botellas de whisky. A los postres, cuando tanto alcohol había hecho ya efecto, Jonatás hizo exhibición de su destreza en la lasciva danza de Ñapanga. Esta "Ñapanga" que mencionan las fuentes tiene al menos cuatro acepciones distintas. Se denomina de este modo el atuendo festivo típico de la mujer de Nariño, en el sur colombiano. También se llama así en esa región a la mulata o mestiza. Parece ser que el término *Ñapanga* es una deformación del original quechua *Llapanga*, que significa "descalza". En *América mágica*, Germán Arciniegas recoge la crónica que de estas costumbres hiciera la iglesia quiteña, que señalaba a esas mujeres directamente como prostitutas. Se ornaban con cintas en el cabello, una amplia falda de bayeta, una blusa de lino y muchas alhajas baratas. En sus *Memorias*, Boussingault menciona:

"...las ñapangas son mujeres blancas, de costumbres ligeras, que se visten elegantemente, pero sin zapatos, y que usan anillos algunas veces de gran valor, en los dedos de los pies. Estas mujeres, muy bonitas en general, se apresuran a visitar a los extranjeros desde que llegan a Popayán..."

En la fiesta ofrecida por Manuela y a la luz de indecisos candelabros, las evoluciones de las mulatas despertaban la dormida nostalgia de los guerreros. Von Hagen dice en *Las cuatro estaciones* que para acrecentar el efecto de seducción general, Manuela, con el solo auxilio rítmico de los dedos de Jonatás sobre un pequeño tambor, bailó la seductora danza peruana del "Hondu".

Con los ojos brillantes, Sucre encontró la confianza necesaria para confesarle a su amigo el coronel Arthur Sandes que se encontraba perdidamente enamorado de su prometida, la joven Mariana, hija del marqués de Solando.

"Don Arturo, sé que Mariana le ha prometido casarse con usted. Yo también la quiero. Por eso, si usted no se opone, hagamos que la suerte decida quién de los dos ha de obtenerla. Tiremos un peso a cara y cruz para ver quién se lleva la mano de la marquesita.

"–¿Por qué no? –contestó el coronel–. Al fin y al cabo, los dos podemos morir en esta guerra."

Así contrajo matrimonio el joven Sucre, afortunado en el juego y en el amor. Con el fragor de los campos de Junín en su horizonte, este hombre de treinta años desposaba de urgencia a la dama quiteña Mariana Carcelén y Larrea, marquesa de Solando.

La vida de Sucre sería una vorágine tan descomunal como la de su admirado Bolívar. El destino cegó su vida a los treinta y cinco años de edad, en la cumbre de su gloria y cuando se disponía a disfrutar de una paz duramente conquistada.

Capítulo VI
Junín y Ayacucho
(1824)

Las huestes avanzaban en fila por un sendero angostísimo. El ejército libertador se movía con hidalguía por la cordillera andina, en busca de las batallas decisivas para el futuro del Perú y del continente. Así había descrito los preparativos el mismo Bolívar a Santander:

"Estoy organizando en Trujillo un fuerte cuerpo de caballería. De Cuenca y de Guayaquil me envían calzado; he requisado todos los caballos en buen estado que había en el país […] De aquí a tres meses dispondré de las fuerzas necesarias para atacar. Treparé por las montañas y los derrotaré en Jauja…".

Aquel cúmulo de desarrapados, con calzados diferentes, desaliñados y hambrientos, se había convertido en un auténtico ejército americano de nueve mil hombres –tres divisiones de infantería, una de caballería y otra de granaderos montados–, en pos de conquistar en las cumbres de sus queridos Andes la tan ansiada libertad continental.

Avanzaban también las montoneras, armadas con trabucos para proteger los pasos; avanzaba cada soldado de la caballería montado en mula y llevando por la brida a su caballo, a fin de mantenerlo descansado para la batalla. Detrás, y a lo lejos venía la administración militar; y detrás de todos ellos venía Manuela, al mando de su pequeño escuadrón, altiva en su traje de coronel, soñando a su amado Bolívar, que iba a la vanguardia y a varios días por delante. Ella iba acompañada, como siempre, por sus inseparables esclavas, llevando el archivo de papeles y el abultado equipaje. Subían lentamente por los desfiladeros y las peligrosas angosturas de las montañas, mientras rítmicamente golpeaban los cascos en la aridez de las rocas.

Los Andes miran

Llevan meses de ascenso, en condiciones no ya de incomodidad, sino de peligrosidad extrema. Sucre, encargado de la logística del cruce de los Andes, sabe que por cada soldado que muere en combate, lo hacen una docena en marchas como ésta. Unos precarios refugios de madera, emplazados por mano de obra indígena a lo largo de la ruta trazada, pretenden paliar las inclemencias; pero aún son muchos, demasiados, los que mueren de frío durante la interminable noche andina.

 Otros tantos encuentran su fin cuando la mula en la que viajan, debilitada por la falta de alimento, resbala y cae con jinete y todo a las hondas entrañas de la cordillera. El sonido seco de los cuerpos contra las rocas abate algo la moral del cortejo. Pero nada detiene la marcha. Y así avanza, entre fatigado e infatigable a la vez, el Ejército Libertador.

 El 2 de agosto, desde una altura de tres mil quinientos metros de altitud que domina una gran extensión del terreno, Bolívar pasa revista a su tropa. Rodeado por los picos de los Andes que acaba de trasponer, y con el fondo de un gran lago cuyo llano contiguo se volverá campo de batalla en cuestión de horas, el general ve desfilar a su ejército y piensa que es uno de los mejores que ha comandado: veteranos de Quito y Lima, fuerzas que habían ya cruzado los Andes con San Martín, sobrevivientes de guerras en Venezuela, o en batallas de lugares remotos como el Rin, Moscú o París... Ésos son sus hombres.

Si la idea del General era alcanzar al enemigo en Jauja, ello se hará imposible: Canterac, buscando también el combate, se ha marchado a Cerro de Pasco.

La infantería viene retrasada, pero no queda tiempo: los exploradores informan que las largas columnas del enemigo convergen hacia los llanos de Junín. La caballería patriota está en inferioridad de fuerzas y ubicada desventajosamente. La perspectiva de batirse es ciertamente desfavorable. Bolívar los observa: gauchos de las pampas argentinas que, a decir de Von Hagen en *Las cuatro estaciones*, pueden "recoger un peso de plata del suelo a todo galope"; guasos de Chile que semejan una extensión del animal de tanto que han pasado montados; temibles llaneros de Venezuela; las corajudas montoneras peruanas. Ésos son sus hombres, y son los mejores jinetes del mundo.

Bolívar observa al general Miller, al mando, con sus cabellos rojos y su nórdica piel curtida. Sabe que el choque es inminente y que el rezagado cuerpo de infantería no los alcanzará a tiempo. Sabe que, no obstante, debe dar batalla. Ensanchando el pecho, dirige estas palabras a la tropa:

"¡Soldados! Vais a completar la obra más grande que el Cielo ha encomendado a los hombres: la de salvar un mundo entero de la esclavitud.

"¡Soldados! Los enemigos que vais a destruir se jactan de catorce años de triunfos; ellos, pues, serán dignos de medir sus armas con las vuestras, que han brillado en mil combates.

"¡Soldados! El Perú y la América toda aguardan de vosotros la paz, hija de la victoria, y aun la Europa liberal os contempla con encanto, porque la libertad del Nuevo Mundo es la esperanza del Universo. ¿La burlaréis? No. No. Vosotros sois invencibles."

Junín

Los realistas, en virtud de un error de cálculo, se habían agotado en una peregrinación hacia el este del extenso lago. El bravo español José de Canterac, veterano en eso de batallar con los rebeldes –era un antiguo combatiente contra San Martín–, enterado de la confusa situación, ordenó el repliegue. Bolívar, desde un observatorio ubicado en una elevación del terreno, detectó al ejército realista en retirada acercándose a la llanura de Junín. Sin perder tiempo, alistó a sus tropas de caballería para cortarles el paso, mientras, con suerte, la infantería podría alcanzarlos. Los soldados cambiaron mulas por caballos y prepararon sus lanzas de tres metros y medio de longitud.

La geografía era difícil, y las tropas marchaban en columnas por un espacio angosto, entre un cerro y un pantano. A la cabeza de la caballería iba el regimiento de Granaderos de Colombia comandado por Felipe Braun, seguido por el escuadrón de Granaderos de los Andes al mando del coronel Bruix; el contingente de caballería al mando del general Necochea; el cuerpo de artillería chileno; el de Coraceros del Perú, del comandante Suárez; y el regimiento de Húsares de Colombia, del coronel Silva.

Sorpresivamente, Canterac ordenó atacar y los españoles presentaron pelea, lanzándose hacia delante al galope, confiados en su caballería superior en número.

La caballería independentista salió del estrecho por el que venía y comenzó a formarse en la pampa, pero antes de que todas sus unidades se hubiesen ordenado, fue abordada por la caballería realista. El general Miller, sin poder flanquear por la derecha, se vio obligado a cargar de frente. Los granaderos de Colombia intentaron romper con su primera carga el flanco izquierdo del enemigo. No obstante, cuando los ejércitos se encontraron cara a cara, el bando patriota sólo había podido hacer entrar en combate dos escuadrones de caballería, y el resto aún luchaba contra las dificultades del terreno. Eran las tres de la tarde.

La batalla fue feroz. Los testigos registran con unánime asombro el coraje de ambos bandos. Como en una mítica pelea entre padre e hijo, donde la carga anímica de la filiación hace que la lucha sea aún más cruel e insensata, los díscolos niños americanos pagaban con sangre y muerte el alto precio a la emancipación que le exigían a sus progenitores hispanos. Sólo las caballerías intervenían en el combate, por lo que no se escuchó un solo estampido. Al estilo milenario, las lanzas silbaban, y su eco reverberaba a lo lejos, en las cumbres. Luego vendrían los sables. Algún grito desesperado, atónito, ante la muerte, era seguido por otros alaridos, fieros, guerreros, destinados a motivar a la propia tropa o bien a infundir miedo en la línea contraria.

El general Mariano Necochea, seguido por seis escuadrones, sable en mano y al grito de "¡Adelante, Granaderos!", logró penetrar el centro de las tropas enemigas. Recibió siete heridas según el parte oficial; catorce consigna la leyenda. Pero su temple era más duro aún que el acero de las lanzas, y siguió combatiendo hasta caer prisionero. El encontronazo era duro y sangriento, y las fuerzas criollas por ahora no salían bien paradas. Su derrota parecía inminente.

Pero esta batalla extraña, silenciosa y "sin humo", al decir de algún cronista, deparaba aún sorpresas. Hay quienes le adjudican la maniobra a Miller, o al mismo Bolívar, y quienes depositan los laureles en líneas secundarias, en el mayor Rázuri o el coronel Suárez. Lo cierto es que, cuando todo parecía perdido, entró en acción una reserva de caballería peruana, los Húsares del Perú, al mando del comandante Isidoro Suárez, antiguo cadete de San Martín y argentino como él, y en una carga memorable torció el resultado de la contienda.

El enemigo, aturdido ante la nueva embestida, rompió filas y comenzó a huir. Miller, sableando a lo loco, perseguía a los rezagados. Necochea fue rescatado por los capitanes Camacaro y Sandoval. En una hora, los patriotas habían derrotado a una de las mejores formaciones de España.

Recuentos finales

Al caer la noche, un pedregal de cadáveres cubría el suelo. Mezclados entre ellos, los heridos gritaban pidiendo ayuda, mirando en las gélidas caras de los muertos el destino que ellos mismos corrían sin auxilio, a la intemperie.

Los cálculos varían, pero el resultado final arrojó algo de 248 muertos y heridos, y 80 prisioneros, para el bando realista; y 148 muertos y heridos entre los independentistas. Se cuenta que el general Sucre, que iba con la infantería, llegó al campo de Junín cuando ya se escuchaban los gritos de alegría por el triunfo. En cuanto al valiente Necochea, según los informes, tenía cuatro sablazos en la cabeza, dos en el brazo izquierdo (motivo por el cual debieron amputárselo), dos en el derecho, que le habrían de ocasionar la pérdida de tres dedos, dos heridas en la pierna derecha y dos sablazos en las costillas, uno de los cuales le había perforado un pulmón. Aún así, viviría veinticinco años más y participaría de nuevas batallas.

En reconocimiento a la brillante acción de la caballería peruana, el general Bolívar cambió su nombre por el de Húsares de Junín, tal como se lo conoce hoy en día. El coronel Suárez alcanzaría la inmortalidad literaria merced a los versos de su bisnieto, el argentino Jorge Luis Borges, que a mediados del siglo veinte le dedicó estrofas de alabanza por su entrega a la causa patriota en el poema *Inscripción sepulcral*:

"Dilató su valor sobre los Andes
Contrastó montañas y ejércitos
La audacia fue costumbre de su espada
Impuso en la llanura de Junín
término venturoso a la batalla
y a las lanzas del Perú dio sangre española".

No sería el único poeta que evocara a Junín: el escritor y político ecuatoriano José Joaquín Olmedo compuso al año siguiente del triunfo *La victoria de Junín*, un hermoso poema épico dedicado a la victoria bolivariana:

"El rayo que en Junín rompe y ahuyenta
la hispana muchedumbre
que, más feroz que nunca, amenazaba
a sangre y fuego, eterna servidumbre
Y el canto de victoria
que en ecos mil discurre
ensordeciendo el hondo valle y enriscada cumbre
proclaman a Bolívar en la tierra
árbitro de la paz y de la guerra."

En Junín, en suma, comenzaba a solidificarse el sueño de la Independencia, y a crecer la sensación de los patriotas de ser ya una suerte de invencibles centauros.

La indómita mujer

¿Y Manuela? Hay quienes la evocan, sable en mano y cabello alborotado, irrumpiendo en el campo bélico con el cuerpo de húsares del Perú. Von Hagen, más cauto, la ubica a tres días de la batalla, y si bien no fue en ésta una partícipe directa, su colaboración fue efectiva en la logística y en la asistencia durante un momento clave para la inmediata victoria posterior: el cruce de los Andes.

Manuela había seguido a Simón Bolívar y sus ejércitos a lo largo de mil quinientos kilómetros, por uno de los más terribles paisajes del mundo, trasladando su archivo personal y liderando a su regimiento a través de innumerables peligros. La batalla había durado una hora; el trayecto hacia ella, dos meses. Pero sirva de prueba la carta que el mismo General redactó para ascenderla a capitán de Húsares, a minutos de culminada la contienda y desde una choza india:

"Junín, Cuartel General, a 6 de agosto de 1824
"Al señor teniente de Húsares de S. E.
"El Libertador y Presidente de Colombia
"Señora Manuela Sáenz
"Mi muy querida Manuela:
"En consideración a la Resolución de la Junta de Generales de División, y habiendo obtenido de ellos su consentimiento y alegada su ambición personal de usted de participar en la contienda; visto su coraje y valentía de usted, de su valiosa humanidad en ayudar a planificar desde su columna las acciones que culminaron con el glorioso éxito de este memorable día; me apresuro, siendo las 16:00 horas en punto, en otorgarle el Grado de Capitán de Húsares; encomendándole a usted las actividades económicas y estratégicas de su regimiento, siendo su máxima autoridad en cuanto tenga que ver con la atención a los

hospitales, y siendo éste el último escaño de contacto de mis oficiales y su tropa. Cumplo así con la justicia de dar a usted merecimiento de la gloria de usted, congratulándome de tenerle a mi lado como mi más querido oficial del Ejército Colombiano.
"Su afectísimo, S. E. el Libertador Bolívar."

Ayacucho

Manuela y Bolívar pasaron unos días juntos en Jauja, cerca del cuartel general. No fueron demasiados: apenas un oasis en medio del desolado campo político que rodeaba al Libertador. Y debieron separarse.
Las diferencias de Bolívar con Santander eran ya notables. La pugna entre quienes lo apoyaban y lo rechazaban se agudizaba. El Congreso colombiano (dominado por el vicepresidente) determinó que el General debía abandonar el mando activo del ejército. Bolívar y Manuela evaluaron qué hacer. Si ya se lo tildaba de dictador, el pasar por alto al Congreso podía echar por tierra la gloria que Simón tan bien había sabido conseguir. Entonces, Bolívar cedió y entregó el mando a un todavía reticente Sucre (que lamentaba la partida de su jefe), para que concluyera la obra de su vida. Luego partió hacia Lima.
Antes, conocedor del carácter impetuoso de su compañera y de su desconfianza eterna hacia Santander, le escribió a Manuela:

"Mi corazón ve con tristeza el horrible futuro de una patria que sucumbe ante la mezquindad de los intereses personales… Sin embargo, no hagas nada que nos hundirá a los dos; desconoce el hecho como un desliz de mis detractores…"

No conforme, le rogó a Sucre, en otra carta, que cuidase de su Manuelita, que la mantuviera en lo posible a salvo de cualquier peligro. Cumpliendo con su deber, Manuela acompañó a Sucre en los preparativos para la nueva batalla, pero en octubre regresó a Lima.

A principios de diciembre, en las mesetas de los Andes, ambos bandos maduraban los preparativos para la batalla final. Ya no era Bolívar, sino Sucre, quien dirigía los destinos del ejército americano. Del lado enemigo, el mismo virrey De la Serna comandaba las tropas, con el conocido Canterac como su jefe de Estado Mayor.

Las idas y venidas se prolongaron por dos meses. El virrey intentaba cortar la retaguardia de Sucre a través de maniobras de dilación, que se sucedieron desde el Cusco hasta el encuentro en Ayacucho, a lo largo de la cordillera andina. Las marchas y contramarchas desorganizaron al ejército patriota, que perdió hombres, por enfermedades y deserciones, y casi toda su artillería. El ejército real, si bien no era inmune a aquellos mismos padecimientos, los doblaba en artillería y factor humano.

Pero la genialidad de Sucre para mantener la organización y moral de las filas había logrado acortar en algo las pérdidas al momento previo a la lucha. En sus españolísimos uniformes azules, los realistas abrieron fuego con balas de cañón. "Soldados, la suerte de América del Sur depende de cómo luchéis en esta jornada", dijo Sucre ante los conmovidos patriotas. El conjuro surtió efecto: en bandada, sus hombres se lanzaron al ataque, ajenos al fuego que llovía desde las posiciones enemigas. Cada estampida provocaba daños atroces en la integridad de esos jóvenes, que morían por decenas. Pero el temple del escuadrón era inmune a ese espectáculo sangriento; con tenacidad, acortaba la distancia con la vista fija en la posición del enemigo. Era el último y definitivo soplo vital del movimiento emancipador.

El ímpetu de la infantería terminó por minar la confianza de los peninsulares, que se dispersaron por el terreno, permitiendo el ingreso de Miller y sus jinetes en la contienda. El sajón ejemplificaba con los mandobles de su sable y sus subordinados le respondían sin titubear. Pronto los cañones quedaron desiertos de manos hispanas, y el momento fue oportuno para que los patriotas se los apropiaran y los volvieran contra sus propios amos. La retirada española se convertía en huida, y luego en desbande. Los sobrevivientes cayeron prisioneros, incluido el virrey De la Serna. Sangrando por una profunda herida en la cabeza, el noble dejó la negociación en manos de Canterac, quien firmó, sin más, la capitulación.

El batallón patriota no cabía en sí de gozo: había derrotado al último de los ejércitos colonizadores del continente. América era libre. Simón Bolívar, al saber de la victoria, bailó sobre una mesa con la capitulación en sus manos, ante la mirada atónita del mensajero que se la había llevado.

Capítulo VII
La "amable loca"
(1825-1827)

El segundo encuentro idílico de la pareja sería en la quinta de La Magdalena, residencia oficial cercana a Lima. Manuela, mal que le pesara a unos cuantos, era para entonces la mujer del Libertador. Había quienes sucumbían a sus encantos; otros le profesaban un afecto sincero; algunos más la respetaban por cuanto sólo ella osaba decir al líder ciertas verdades. Pero mayor era el número de quienes la aborrecían. Al patriarcado limeño, como siempre, lo sacaban de quicio sus formas, que reputaban de libertinas; su trato de amistad con sus esclavas, su intromisión en política y su "permanente estado de adulterio".

Ciertos militares de alto rango no toleraban su influjo sobre Bolívar. Las mujeres envidiaban en secreto su desfachatez y sus atuendos de última moda, copiados de revistas europeas, como *London Mail* o *Variedades*. Pero nadie podía negarle la devoción con la que atendía la persona y los asuntos del General, como si se tratara de su vida misma.

"Tú eres mis ojos", le diría él, y bien ganado tenía el cumplido por intuición, astucia y fidelidad a la causa de su hombre. Lo amaba con locura, lo celaba con instinto animal y colmaba hasta el hartazgo sus necesidades masculinas. Sus encuentros íntimos eran memorables, y fogosas también, sus peleas. Pero, por debajo de todo aquello, estaba la amiga, la confidente, la que curaba sus heridas y velaba por su cuerpo ganado ya por la tuberculosis. Ella le leía en voz alta hasta inducirlo al sueño. Era su innegable compañera de lechos, batallas y exilios.

La valerosa mujer era una figura omnipresente en la vida y en la mente del Libertador. Éste la había nombrado coronela del ejército patriota, y ella se vestía acorde a la función, con casaca azul y cuello rojo, con charreteras doradas y la tira de paño azul indicando el rango. Como le sucediera al general Lara, no todos se sentían felices de verla aparecer por los cuarteles. Su temperamento generaba dosis iguales de admiración y enemistad. Al igual que a su adorado Simón, la indiferencia le estaba vedada.

Bronce y pura humanidad

La personalidad del líder no se quedaba atrás en complejidad, con sus dosis iguales de vanidad, coraje, arrogancia, heroísmo, arrestos tiránicos, romanticismo, pasión... Era claro que escapaba al común de los hombres, aunque esto se viera traducido tanto en devoción como en franco desprecio. Valga como muestra esta descripción hecha por el cónsul norteamericano en Perú:

"El Libertador tiene un carácter muy vehemente e impetuoso; ha realizado tan grandes cosas y ha dirigido tan personalmente los asuntos, que ha adquirido el hábito de considerar los movimientos del gobierno a la luz de la subordinación militar. Los oficiales que le rodean son muy afectos a su persona e incondicionalmente sumisos. Existe un tono de excesiva adulación y absoluta deferencia en las gentes que se le acercan. Este estado de cosas proporciona ocasiones a los enemigos de Bolívar. Un francés inteligente y de ideas liberales me dijo: 'Se perderá lo mismo que Napoleón.'

Al poco tiempo de Ayacucho se celebró un banquete de la victoria, y Manuela tomó asiento junto a Bolívar en una mesa compartida con el mariscal Sucre y el general Córdova, entre otros héroes de la batalla. En circunstancias extrañas, esa madrugada apareció asesinado su querido Bernardo de Monteagudo. Monteagudo trabajaba en el programa del Congreso de las Naciones Americanas y era una pieza clave en el círculo del Libertador. A pesar de que la investigación indicaba lo contrario, para Simón y Manuela el asesinato poseía un indudable cariz político. Las represalias contra los sospechosos fueron feroces, y con pretensiones aleccionadoras para todo aquel que osara conspirar: cárcel, incomunicación, persecución policial. La tensión en Lima aumentaba.

Para más, el Congreso había delegado sus facultades en el General, con lo cual, además de Presidente de la Gran Colombia, era ahora dictador del Perú, lo que le traía no pocos problemas con su vice Santander. El enemigo español había sido abatido, pero los enemigos internos florecían como hiedra. A pesar de ello, eran habituales los bailes en La Magdalena, y la aristocracia limeña asistía puntualmente con sus mejores galas; en particular las envidiosas damas... y las había muy bonitas.

Como sabemos, Simón no era inmune a ellas, y a la pobre Manuela le resultaba difícil quitarle las mujeres de encima. Fue para esa época en que, en ocasión de un banquete a bordo de una fragata al que Simón asistió sin ella, el Libertador quedó prendado de la bella norteamericana Jeannette Hart. El romance fue corto, pero también suficiente para enfurecer a Manuelita, quien increpó a la joven en medio de un baile.

Y si las estancias compartidas se tornaban difíciles para nuestra heroína, mucho peor lo eran las ausencias, a veces desiertas de noticias, siempre desoladoras y angustiantes.

En abril de 1825, Bolívar partió nuevamente, esta vez al Alto Perú, para fundar una nueva República: Bolivia, nombre derivado, claro está, de *Bolívar*.

El Libertador intentaba combinar en su Constitución las virtudes de todos los sistemas políticos. Según sus detractores, lo que estaba combinando eran todos sus defectos. Al mando de aquella nación quedaba su amigo Sucre. Simón se marchaba otra vez, nadie sabía hasta cuándo.

El pasado llama

De pronto, un nuevo personaje tomó protagonismo en este elenco: el despechado Thorne. A decir verdad, siempre había hecho sentir su presencia a través de innumerables cartas a su mujer legal. Ella las ignoraba por completo, y el mismo General encontró alguna vez varias de ellas en un cofre.

Al abandonado marido no sólo el despecho lo movilizaba, sino también una auténtica pasión por Manuela, y dejaba entrever que estaba dispuesto a todo, aun a costa de su honra, con tal de tenerla de vuelta, si ella se decidía a abandonar a Bolívar. Insinuaba que Simón jamás podría darle la estabilidad afectiva que ella sí encontraría a su lado. Manuela sabía que esto era cierto. Con Bolívar no cabían esas burocracias del amor; la gesta emancipadora siempre estaba *con* ellos pero también *entre* ellos, como una más de sus mujeres, y estaba visto que el soldado no era de una madera apta para la monogamia. Pero así lo quería Manuela, y estaba dispuesta a luchar contra los escollos con el temple que todos le reconocían.

Manuela y Simón discrepaban en lo relativo a Thorne. Mientras ella estuvo en Quito, y luego durante los largos meses junto al ejército libertador, fue fácil olvidar sus obligaciones maritales. Pero ahora que estaban en Lima, tierra del marido legítimo y su gente, no podía obviarse que había una decisión por tomar.

Simón escribió una carta a Manuela y luego otra, en las que la urgía a retornar con su esposo. En líneas que la sumieron en la desolación, le decía cosas como:

"Yo veo que nada en el mundo puede unirnos bajo los auspicios de la inocencia y el honor [...] me parece que una eternidad nos separa [...] Deseo verte libre, pero inocente, juntamente, porque no puedo soportar la idea de ser el robador de un corazón que fue virtuoso y no lo es por mi culpa".

Las cartas la indignaban. ¿Qué eran esos remordimientos pacatos frente al amor sublime que ellos se profesaban? ¿Acaso el Libertador quería prescindir de ella? ¿Se había hastiado de su presencia? ¿No había sido ella más que otra de sus tantas aventuras?

Manuela no sabía qué pensar. Se resistía a volver con quien no amaba, pero ahora dudaba del amor de su compañero. Y no dejó de escribirle también ella, una y otra vez:

"En la anterior le comenté a Ud. de mi decisión de seguir amándole aun a costa de cualquier impedimento o convencionalismo [...] sé que es lo que debo hacer, y punto [...] Usted, que me tenía un poquito de amor, ha permitido que la ilusión de usted se pierda, y yo veo todo con desesperanza..."

No sería ésa la última vez que Simón la descuidara en el trato. Varias veces habría de sufrir Manuela su indiferencia, o bien sus vacilaciones entre el deber y el amor. Y así fue como volvió con su marido.

Honestidad brutal

Poco tenía aquello de matrimonio. Manuela y Thorne dormían separados y apenas se trataban. Pronto ella comenzó a cartearse de nuevo con Bolívar, y las cartas encendían el amor como a las brasas un soplo de aire. Cada vez la correspondencia era más frecuente; y la pasión iba *in crescendo* página a página. Hasta que la tensión se hizo insoportable.
Manuela aprovechó un viaje de su marido para abandonarlo e instalarse en La Magdalena. Thorne se enteró y le escribió a su mujer insistentemente. Le suplicaba que no lo abandonara otra vez. La respuesta de Manuela es memorable:

"No, no y no; por el amor de Dios, basta. ¿Por qué te empeñas en que cambie de resolución? ¡Mil veces no! Señor mío, eres excelente, inimitable. Pero, mi amigo, no es grano de anís que te haya dejado por el general Bolívar; dejar a un marido sin sus méritos no sería nada. ¿Crees por un momento que después de haber sido amada por este hombre durante años, de tener la seguridad de que poseo su corazón, voy a preferir ser la esposa del Padre, del Hijo o del Espíritu Santo, o de los tres juntos? Sé muy bien que no puedo unirme a él por las leyes del honor, como tú las llamas, pero, ¿crees que me siento menos honrada porque sea mi amante y no mi marido? Déjame en paz, mi querido inglés. Amas sin placer. Conversas sin gracia, caminas sin prisa, te sientas con cautela y no te ríes ni de tus propias bromas. Son atributos divinos, pero yo miserable mortal que puedo reírme de mí misma, me río de ti también, con toda esa seriedad inglesa. ¡Cómo padeceré en el Cielo! Tanto como si me fuera a vivir a Inglaterra o a Constantinopla. Eres más celoso que un portugués. Por eso no te quiero. ¿Tengo mal gusto? Pero, basta de bromas. En serio, sin ligereza, con toda la escrupulosidad, la verdad y la pureza de una inglesa, nunca más volveré a tu lado... Siempre tuya, Manuela."

En la villa, Manuela recibió una visita inesperada que alegró su corazón: era el maestro Simón Rodríguez, con su riqueza de anécdotas y lecciones de vida, proporcional a su pobreza absoluta de bienes tangibles. La amistad que entre ambos construyeron cobró bases sólidas; volverían a encontrarse más tarde, en el exilio de Paita. Su compañía sería para Manuela el bálsamo que aliviara en algo la soledad.

Hasta que un día llegó carta a La Magdalena. Era de Bolívar, quien la invitaba a seguirlo:

"No ignoras la magnitud de tu sacrificio si resuelves venir acá. Sí, yo invito... Me atraen profundamente tus ojos negros y vivaces... Me embriago, sí, contemplando tu hermoso cuerpo desnudo... Tu ensoñación me envuelve en el deseo febril de mis noches en delirio".

Ella le había escrito antes, dando rienda suelta a lo inocultable: "Lo amo tanto, que me sentí morir cuando S. E. partió". Y ahora era ella la que partía a Chuquisaca, a su encuentro, aunque sería por pocos días, ya que una vez más el Libertador debía retornar pronto al Perú. El reencuentro concretó todo aquello que la escritura había insinuado, y Simón volvió a Lima en estado de embriaguez.

Ingreso triunfal

Al margen de las intrigas palaciegas, Bolívar ya era leyenda en Lima. Su popularidad era tal entre el pueblo, que las oraciones en las iglesias comenzaban: "¡Oh, Señor! Todo lo bueno viene de Ti. Nos has dado a Bolívar..." Los poetas le cantaban alabanzas, y sus hazañas trascendían fronteras.

Pero las aguas seguían revueltas en las altas esferas, y tarde o temprano el oleaje se haría imparable. Al gobierno colonial le habían sucedido el localismo y las ambiciones particulares. El cambio de mando se había revelado sólo administrativo: las oligarquías locales no admitían transformaciones mayores.

La cuestión del Alto Perú había caído muy mal entre los notables limeños. Las conspiraciones proliferaban, y atenta a ellas estaba Manuela, que a través de sus esclavas y algunos soldados se aseguraba de la provisión diaria de rumores, el sistema de información más fiable para dichas cuestiones.

Bolívar desestimaba los avisos, pero Manuela sabía que la situación era crítica, y el peligro, cierto. Para peor, una revuelta en Venezuela, tierra dominada por Páez, amenazaba la estructura de la Gran Colombia; y Sucre, presidente de Bolivia, se las veía en figurillas en el nuevo Estado. Imposible ponerlo en mejores términos que Von Hagen en *Las cuatro estaciones de Manuela*:

"El monstruo, el verdadero enemigo, era la geografía. Atacaba a Bolívar por todos lados. Hacían falta dos meses para que llegara una carta de Colombia; Panamá estaba a cincuenta y cinco días de distancia, y Venezuela a tres meses."

Los correos debían cruzar selvas, ríos y montañas antes de llegar al Libertador en Lima. Y para entonces, un pequeño inconveniente se había convertido en un auténtico desastre. Bolívar entendió que era imperiosa su presencia física para que su bien más preciado, la joya de su creación, no pereciera. Se decidió a abandonar Lima y viajar a la Gran Colombia. La noticia causó agitación en la Ciudad de los Virreyes; aficionados o detractores, todos reconocían en el General la fuerza unificadora del convulsionado mundillo político limeño. Para Manuela, eso significaba una nueva separación y despedida. El viaje era demasiado arriesgado y, por otro lado, su figura controvertida podía exaltar los ánimos que el Libertador pretendía aquietar con su presencia. La reputación de la quiteña se extendía por los vastos territorios de la América liberada, casi tanto como la de su amado. En septiembre, Simón partió hacia los Andes. Desde tierras ecuatorianas escribió:

"Mi encantadora Manuela: Tu carta del 12 de setiembre me ha encantado: todo es amor en ti... Yo también me ocupo de esa ardiente fiebre que nos devora como a dos niños. Yo, viejo, sufro el mal que ya debía haber olvidado. Tú sola me tienes en ese estado. Tú me pides que te diga que no quiero a nadie. ¡Oh, no! A nadie amo: a nadie amaré. El altar que tú habitas no será profanado por otro ídolo ni otra imagen, aunque fuera la de Dios mismo. Tú me has hecho idólatra de la humanidad hermosa, de Manuela. Créeme: te amo y te amaré sola y no más. ¡No te mates! Vive por mí y para ti: vive para que consueles a los infelices y a tu amante, que suspira por verte. Estoy tan cansado del viaje y de las quejas de tu tierra, que no tengo tiempo para escribirte con letras chiquitas y cartas grandotas como tú quieres. Pero en recompensa, si no rezo, estoy todo el día y la noche haciendo meditaciones eternas sobre tus gracias y sobre lo que te amo, sobre mi vuelta, y lo que harás y lo que haré cuando nos veamos otra vez. No puedo más con la mano. No sé escribir".

Lima tambalea

El año siguiente no comenzó con buen augurio. Una revuelta impulsada por Santander, que aprovechaba la ausencia de Bolívar, culminó con éxito: del círculo íntimo del General, sólo Manuela quedó en pie. Al que no logró huir le esperaba la prisión. Ella misma relata el incidente en primera persona:

"En Lima apresaron al Gral. Heres junto con los otros jefes militares [...] Al día siguiente me aparecí vestida con traje militar al cuartel de los insurrectos y armada de pistolas, con el fin de amedrentar a éstos y librar a Heres. Mi intento fracasó por falta de apoyo y táctica".

Bolívar no podía evitar enternecerse con la imagen de esa mujercita en traje de coronel, intentando detener en soledad una revolución. La carta de ella seguía:

"Fui apresada y mantenida por varios días incomunicada totalmente en el Monasterio de las Carmelitas; sin embargo, varias veces pude lograr escaparme hasta la sacristía y entrevistarme con las personas que le son fieles a Usted, pero puesta sobre aviso de que en veinticuatro horas debía embarcarme para Guayaquil o quedar definitivamente presa..."

Nuevamente, la entrega de Manuela era total en la defensa de los intereses de su hombre. Obligada a partir, junto con Natán, Jonatás y cuatro soldados de escolta elegidos por ella misma entre los más guapos, Manuela embarcó hacia Guayaquil. Desde allí, el curioso cortejo encaró una caminata de diez días hasta Quito.

Las sinuosas formas de Manuela adquirieron tonicidad y fortaleza durante el viaje. En la patria la esperaba su hermano José María. Eran tiempos difíciles. Tras los exultantes triunfos, la revolución vivía su hora aciaga de luchas intestinas, pobreza, penurias para el comercio, mutilados por doquier. Los antiguos soldados cesanteados eran la evidente cicatriz de una guerra cruenta. El nombre de Bolívar había pasado de la más alta gloria a la peor de las ignominias. Y en medio de ese infierno, las cartas no llegaban.

Pasaron meses sin noticias, hasta que Bolívar la reclamó en Bogotá: "Yo no puedo estar sin ti. Ven, ven luego..."

Y Manuela fue, como era su costumbre, pero no sin antes dejar en claro que no era una querida más, y que todo lo podía soportar, excepto los silencios de Simón:

"¿Tanto le cuesta escribirme? Salgo el primero de diciembre (y voy porque usted me llama), pero después no dirá que vuelva a Quito, pues más bien quiero morir que pasar por sinvergüenza…"

Luego de andar a pie durante días hasta Quito, son mil quinientos kilómetros los que ahora Manuela debía encarar hasta Bogotá. Pero ya se había acostumbrado a desandar el continente detrás de su amor. El camino estaba plagado de incomodidades y peligros: puentes rotos, maleantes al acecho y escaso alimento. El agua sobraba, pero de forma inconveniente: una lluvia constante perseguía a los jinetes en gran parte del trayecto. Bolívar había dispuesto a sus oficiales a lo largo de la ruta para que velasen por la caravana; pero lo que sostenía a Manuela era la carta de aliento entregada en un punto del camino, que leería una y mil veces antes de poder lanzarse, por fin, en brazos de su autor.

Capítulo VIII
Hacia el fin de la historia
(1828-1830)

Casi dos años habían pasado desde la última vez que se vieran en Lima. El reencuentro en la Quinta, hogar de Bolívar en Bogotá, encontró a Manuela en la plenitud de sus treinta y un años. Pero Simón había envejecido notablemente. Aparentaba más que sus cuarenta y cinco. Manuela pudo notar signos de alerta en ese cuerpo que conocía bien, y sintió pena por él. Simón había dado todo por el ideal de una América unida y libre, y cuando su humanidad sufría como nunca la pesada carga de sus esfuerzos, América le daba la espalda.

Manuela se propuso recuperar la salud del General. Con sus dotes para la organización y mando, en poco tiempo ya controlaba los hilos de la estancia y hacía pasar todo evento por su vista antes de que llegara al Libertador. Su conocimiento minucioso de los menesteres políticos y sus servicios prestados a la causa la avalaban en la tarea, pero no eran pocos los oficiales que murmuraban por lo bajo. Durante la tarde, acompañaba a Simón en sus largos paseos por los jardines de la villa. Conversaban, reían de tonterías y de a poco ella lo inducía al descanso. La buena alimentación, los paseos al sol y las atenciones solícitas de su enfermera rindieron frutos, y pronto el Libertador mostraba un mejor talante.

La Convención de Ocaña

Empero, se avecinaban tormentas en el cielo de los amantes. La sociedad bogotana, más pacata que la limeña, mascullaba su desprecio por el "dictador" Bolívar y la "ramera" que lo acompañaba. Cierto era que Manuela no se privaba de escandalizarlos adrede, y apelaba a todo su ingenio combativo para defender al líder y ridiculizar a sus detractores. Algunas mentes sensatas le sugerían a Simón que aquella polvareda no hacía más que echar leña al fuego del revuelto mundillo bogotano. Bolívar intentaba justificar a su "amable loca", y le rogaba, sin éxito, que cuidara las formas.

La relación con el vicepresidente Santander se había vuelto, una vez más, insostenible. Se jugarían una carta fundamental cuando se reuniera el congreso constituyente. En efecto, la Convención de Ocaña, convocada para decidir el destino constitucional de la Gran Colombia, nació fragmentada entre los bandos de ambos líderes. Al culminar el congreso, el resultado era desfavorable al Libertador. Perplejo, éste observó su ocaso desde Bucaramanga, adonde había viajado para seguir de cerca la Convención. Por primera vez, las circunstancias lo superaban.

Oportuno, el general Padilla se sublevó en Cartagena. Padilla, Páez y Santander serían odiados por Manuela con fervor; en su futuro exilio, sus perros llevarían esos nombres y los dominaría a gusto.

De pronto, cuando nadie se lo esperaba, Bolívar cambió el traje civil por el militar y decidió cortar ciertos asuntos de raíz. Ordenó a sus delegados que abandonasen la Convención, vaciándola de autoridad. Luego ingresó a Bogotá con sus tropas leales, declaró vacante el cargo de vicepresidente y asumió abiertamente poderes dictatoriales sobre la República. Sin ánimo de represalias, con el solo fin de dar por terminado lo que más temía –el caos anárquico–, designó a Santander como ministro en los Estados Unidos, desde donde ya no podía hacer daño. Su intención era la de apaciguar los fervores y sostener el delicado equilibrio de la política local.

La efigie de Santander

Pero Manuela barrió de un plumazo el trabajo que, con paciencia china, desplegaba Simón. Para honrarlo en el día de su cumpleaños, su amada preparó una efigie de Santander y, a la vista de todos, la hizo fusilar. Sus enemigos se relamieron por las previsibles consecuencias del desafortunado suceso. La tensión aumentaba, y Manuela debía soportar que los generales la ridiculizaran ante el Libertador.

¿Por qué esas "locuras", como las llamaba Simón? ¿Qué movía a la quiteña? Sus impertinencias, es evidente, poseían un sentido. Manuela no era demente, ni gratuitamente temeraria, ni provocaba por placer.

Su celo podía ser exagerado, pero a la larga reafirmaba una presencia y daba resultados. Más allá de raptos impulsivos, como el del "fusilamiento", era una mujer sumamente astuta que sacaba buen provecho de sus encantos y sus dotes para la intriga.

En sus ruidosas tertulias, que la sociedad aborrecía, se cocinaban las estrategias de defensa al Libertador y se desbarataban conspiraciones. Manuela siempre estuvo más al tanto de lo que se tramaba contra su héroe que él mismo, y así es como le salvaría dos veces la vida.

El baile de máscaras

Las nuevas atribuciones dictatoriales de Bolívar despabilaron a sus enemigos. El primer intento de asesinar al Libertador sucedió en agosto, durante un baile de máscaras. El escenario elegido era perfecto. La algarabía general, el tumulto y la amplitud de los trajes se prestaban de maravillas para un crimen como el que imaginaban los confabulados, cobarde y en las sombras. Manuela supo del plan mediante un criado y, por carta, previno con insistencia a Bolívar acerca de asistir al baile:

"Le ruego, por lo que más quiera en este mundo (que no soy yo), no asista a ese baile de disfraces. Desista Usted ¡por Dios! de esa invitación, de la cual no se me ha hecho llegar participación, y por esto haré lo que tenga que hacer... Sabe que lo amo y estoy temerosa de algo malo. Manuela".

Como él no la tomara en serio, decidió dar una vuelta ella misma por el lugar. Iba sin disfraz, con su masculino traje de húsar, y en la puerta exigió se le permitiera el ingreso. La entrada le fue prohibida, pero ella se empeñó en saber si Bolívar se encontraba dentro. Sabía que la hora señalada por los traidores era la medianoche. Desesperada, se puso a discutir a los gritos con las autoridades. Armó un verdadero escándalo, ante la mirada estupefacta de los transeúntes que reconocían en la gritona mujer a "la querida del Presidente". Bolívar, que se encontraba dentro, se vio obligado a mediar en la escena. Avergonzado y enfurecido con Manuela, abandonó el lugar. Ella se volvió sola, a pie, y feliz. Simón estaba vivo, y sólo eso le importaba. Más tarde, él sabría cómo habían sido las cosas y la veneraría. Entretanto, el enojo perduró y por un tiempo se mantuvieron separados.

La participación de Santander en el frustrado golpe no quedó del todo clara: se decía que había apadrinado a los conspiradores, pero que difería con ellos en el objetivo. Quería a Bolívar lejos de Colombia, pero no muerto. Otros, en cambio, le asignaron y le asignan aún la autoría intelectual del hecho. Como sin cadáver no hay asesino, el asunto no admitía más que conjeturas, pero los rumores se tenían por verdades absolutas, y bien sabía cada quien las andanzas de su vecino aquella noche. En aquel berenjenal bogotano, los hombres comenzaban a mirarse de reojo.

La Libertadora

La segunda intervención salvadora se dará en septiembre de 1828, de nuevo a la medianoche, en la residencia del Libertador. Un grupo de atacantes redujo a la guardia del Palacio de San Carlos e ingresó a la morada al grito de "¡Muera Bolívar! ¡Viva la libertad!".

Varios cuerpos quedaron en el camino mientras el cortejo macabro avanzaba en busca de su presa. Encerrados en la habitación principal, Manuela encontró la sangre fría para vestir a Bolívar y empujarlo por una ventana que daba a la calle. Luego, en camisón y espada en mano, esperó a los atacantes. "¿Dónde está Bolívar?", le preguntaron. Manuela contestó con evasivas y, tomada prisionera, los guió por largos corredores, el tiempo suficiente para permitirle a su hombre ponerse a salvo. Descubierto el engaño, los conspiradores se ensañaron con ella, y la hubieran matado de no mediar la intervención de uno de los propios atacantes.

El golpe fracasó, y Manuela, aquella pequeña mujer despeinada, herida y con el camisón desgarrado, había salvado una vez más al Libertador. En esa hora aciaga, su conducta había sido de un coraje tal que, desde entonces, sus detractores debieron pensar dos veces antes de alzar la voz. En el motín perdió la vida el leal Ferguson, y fue gravemente herido Andrés Ibarra, quien vivió gracias a un torniquete aplicado por Manuela con parte de su enagua. "Eres la libertadora del Libertador", le dirá un emocionado Bolívar al volver sano y salvo al palacio.

Las represalias no se hicieron esperar, y la cárcel, cuando no la horca, acogía a los conspirados. Colgado murió Padilla; Santander fue juzgado por traición y condenado a muerte.

Bolívar y Santander, antiguos amigos y compañeros de batalla, habían tomado derroteros tan disímiles que ya no había lugar para ambos. En *Las cuatro estaciones de Manuela*, Von Hagen dice que "Santander quería libertad; Bolívar quería unidad. Inevitablemente, uno de ellos tenía que perder".

Manuela celebró la decisión del tribunal; de hecho, cual pitonisa, ya había fusilado su muñeco de trapo. Pero Bolívar cambió la sentencia por la de destierro perpetuo. Entendió que ya era suficiente la sangre derramada. Y agregó: "Creo que nuestra ruina fue no habernos entendido con Santander".

Bolívar no salió indemne del episodio. Su sensibilidad quedó dolida al ver un odio tal que sólo se apagaba con su muerte. Siempre había quitado dramatismo a los malos presagios; era Manuela la que veía traidores por todos lados. Pero ahora la verdad se le hacía evidente, y ya no podía quitarla de su cabeza. Durante semanas se mostró hosco e irritable, y su estado de salud, como era de esperar, empeoró. La fiebre se le hizo habitual y manchaba varios pañuelos con la sangre de sus pulmones. Resumiría magistralmente sus sentimientos, mezcla de dolor, despecho y resignada suficiencia, durante una visita que le hizo el cónsul francés:

"No son las leyes naturales las que me han reducido al estado que ven, sino la amargura que hay en mi corazón. Esta gente, que no pudo matarme con sus cuchillos, me ha asesinado moralmente con su ingratitud y sus calumnias; en otros tiempos, me alababan como si fuera un dios y ahora quieren mancharme con su saliva; cuando no estoy aquí para aplastar a todos esos demagogos, se destrozan mutuamente como si fueran lobos y destruyen con las garras de la revolución el edificio que he levantado con tanto trabajo".

El frustrado sueño de la Gran Colombia

Allá en la vieja Europa, un joven Simón había dado forma a su sueño: Venezuela, Colombia y Ecuador, unidas en una gran nación, la Gran Colombia, que sería el corazón y la fuerza de la América libre y soberana. La había dibujado en la tierra a punta de lanza y a caballo. Pero ahora su hija dilecta se desmoronaba.

Bolívar sabía que su presencia era la única amalgama de aquellas tres naciones que poco tenían que ver entre sí, y a las que la geografía se empeñaba en separar. El corazón, la noción de patria de la Gran Colombia, encarnaba sólo en ese hombre pequeño, que procuraba salvar las enormes distancias con su cuerpo, mente y alma, y estaba muriendo en el intento.

El año siguiente no comenzó mucho mejor que el que lo antecedió. En enero, Perú invadía Ecuador. Bolívar se sentía un padre débil y enfermo ante una pelea entre hermanos necios. Debió partir a Quito de inmediato, con aspecto cansado y abatido. Para aquellos que lo vieron montar con dificultad y enfilar sin ánimo a una nueva batalla, era innegable que se estaba muriendo. Sólo Manuela parecía creerlo inmortal, demasiado confiada en sus propiedades curativas para con él.

Aunque su designado Sucre venció en Ecuador, la Gran República era ya una quimera. Los generales Sucre y La Mar habían combatido juntos en Ayacucho, y ahora debían pelear entre sí. En Venezuela, Páez se afianzaba. Guayaquil y Quito se unirían pronto para formar la República del Ecuador. Durante la ausencia de Bolívar, el general Córdova se sublevaba en Colombia.

En un arranque de desesperación, los delegados del Libertador en Bogotá maduraron la idea de una monarquía que pusiera fin al caos republicano. Bolívar ya no podía contener las piezas del complejo rompecabezas. Y así escribe:

"La calumnia me ahoga... No puedo aguantarlo más, estoy cansado, harto... Durante veinte años de fatigas hice lo que pude, ¿quién tiene derecho a pedirme más? No puedo más. El corazón me lo dice cien veces al día".

En abril de 1830 renuncia a la presidencia.

"Hoy he dejado de gobernar. Escuchad mis últimas palabras. Os pido, os reclamo en nombre de la Gran Colombia, que permanezcáis unidos".

Con su inmensa lucidez, dice:

"Si un hombre fuese necesario para sostener el Estado, este Estado no debería existir, y al fin no existirá".

Al hombre que sostenía el Estado se le agotaban las fuerzas.

Una nueva realidad

Pero algo sucede que lo arranca de su letargo. En la tierra que lo vio nacer, Páez declara la independencia del estado de Venezuela y su separación de la Gran Colombia. Es más de lo que Bolívar puede soportar. Acude presuroso al Consejo de Ministros e intenta su último gran acto. Vestido en uniforme militar, pide volver a las funciones de gobierno para hacer la guerra a Venezuela. Un manto de silencio cubre al gabinete. Una guerra con Venezuela es casi suicida, pero quién se atreve a desafiar al Libertador. El gabinete opta por hacerle saber su decisión mediante una carta. La prosa es amable y condescendiente, pero su contenido, inequívoco: argumenta con lógica irrefutable lo que Bolívar se niega a aceptar.

El nuevo gobierno, decía, debía ser "representativo" y formarse de acuerdo a la "nueva realidad". Y la nueva realidad era que la Gran Colombia tenía los días contados. No habría guerra con Venezuela, y pronto los demás estados seguirían el ejemplo de Caracas, separándose del territorio colombiano.

Era claro que Bolívar formaba parte de la "vieja" realidad y que ya no los representaba.

Pero había más en aquella esquela: se sugería que su presencia en Bogotá era una amenaza para la tranquilidad de la nación. Debería marcharse antes de que se formara el nuevo gobierno. Esto era, lisa y llanamente, el destierro.

La despedida

Aunque Manuela se resistiera a creerlo, ya no quedaba mucho por hacer. Los últimos días juntos los pasarán en la villa, en un clima de recogimiento. Simón quería cumplir con su promesa de morir como había nacido: desnudo. No era mucho lo que le quedaba para repartir. Su inmensa fortuna se había reducido a un juego de vajilla de oro. El dinero conseguido por su venta sería lo único a llevar. No quiso aceptar una pensión vitalicia del gobierno. Le dolían los rumores acerca de un nuevo atentado contra su vida. A la vez, le causaban gracia. Ya la tuberculosis, verdugo silencioso que lo seguía con la fidelidad de un perro, hacía ese trabajo con macabra eficiencia.

Manuela lo miraba hacer con impotencia. Había intentado convencerlo de resistir, pero ya nada lo motivaba. Ahora, ella se debatía entre entregarse a la tragedia o vestir su traje de húsar y dar pelea. No entendía de quietud o de parálisis, había nacido para la lucha.

Su moribundo hombre la detenía, le hacía ver que ya nada tenía sentido. Ella le seguía el juego; pero en su fuero interno creía, quería creer, que habría revancha, que Bolívar volvería por la puerta grande cuando ese grupo de traidores ineptos se revelase incapaz de llevar las riendas de la nación. "Si a duras penas pueden con las de sus caballos", pensaba con ironía, pero caía luego en la desolación, que acallaba sus planes de venganza.

Y mientras su interior se deshacía en contradicciones, su fisonomía mostraba la digna compostura del guerrero en combate. Se movía con eficiencia, como siempre lo había hecho en los momentos críticos. Conocía al Libertador mejor que nadie, y le ahorraba el poco aire de sus pulmones dando las órdenes ella misma.

¿Dónde terminaría sus días el Libertador? ¿En Francia, como su dignísimo rival San Martín, condenado al olvido como él? ¿En Jamaica, su antiguo exilio? Donde fuera, Manuela estaba excluida. El futuro era un océano traicionero, demasiado incierto como para aventurarse en él en compañía de una mujer. Intuían que no volverían a verse, pero lo callaban.

La última noche que pasaron juntos fue de reposo y tranquilidad. El fuego de años había sedimentado en una ceniza cálida que no se apagaría jamás. Al calor de esa intimidad conquistada con esfuerzo, arrastrada a través de geografías, distancias, guerras, asediada por intrusos o boicoteada por ellos mismos, entorpecida por equívocos y azares, alimentada con tinta y papel, pero todavía más con recuerdos revividos una y mil veces, buscaron el sueño. Esa intimidad, unida simbióticamente a la lucha, anexada a la Historia como un hermano siamés, condenada irremediablemente a ser la otra cara de la gesta más grande que conoció el continente, del ideal más sublime que puede perseguir un hombre, el de nacer libre y morir libre, esa intimidad inmune al tiempo y al espacio, inmortal, pero hecha de fuego, aire, agua y tierra, como ellos mismos, los cobijaría, calma, en su despedida. Al calor de las cenizas que repiqueteaban con paciencia, reposaron en paz, se mimaron y acompañaron como cualquier pareja. Y se despidieron hasta siempre.

Al día siguiente habría una espontánea, aunque tardía, reacción del pueblo bogotano. Primero decenas, luego cientos de personas se sumaron al pequeño cortejo que acompañó al Libertador a su destierro. Con el aspecto de un anciano, aunque aún no tenía cincuenta años, consumido por la enfermedad, con los ojos secos y la mirada perdida, Bolívar no inspiraba ya odio, sino compasión. Apenas podía sostenerse en su caballo y llevaba el sello de la muerte en el semblante. Le había rogado a su amada:

"Manuela: Amor mío, mucho te amo, pero más te amaré si tienes ahora más que nunca mucho juicio".

¿Cabía esperar de ella el cumplimiento de este ruego? Por supuesto que no. No se acallaban aún los cascos de su caballo y ya Manuela estaba conspirando contra el gobierno. Su plan era minar la confianza en las autoridades y preparar el retorno del Libertador. Estaba segura de que la opinión popular los acompañaba; el espontáneo cortejo de la despedida la había motivado.

Cada día, la ciudad amanecía empapelada con proclamas de apoyo al General, que Manuela hacía imprimir en forma clandestina. Cultivaba sus relaciones con oficiales y soldados para preparar una revuelta, y sofocaba como fuera los embates y las críticas hacia Simón y hacia su persona. Necesitaba mantener vivo el espíritu de Bolívar, y a través de su conducta alocada, lograba que éste no desapareciera de la conversación del pueblo, pilar central de la memoria colectiva.

"La sangre de Abel"

Entre tanto, en una oscura emboscada, Sucre moría asesinado. Los dardos apuntaban al gobierno de Colombia, ya que era pública la identificación del mariscal como el sucesor de Bolívar. Éste se conmovió sobremanera con la muerte de su gran amigo. "Han derramado la sangre de Abel", exclamó desde el exilio.

Con sus propias flaquezas y rencillas intestinas, el gobierno colaboraba, sin quererlo, en los planes de la Libertadora. Desaparecida la figura del héroe de la independencia, las nuevas autoridades no encontraban el modo de dar fin a la anarquía reinante. Por otro lado, caían en el juego de Manuela y la defenestraban con tanta saña, que lograban lo impensable: el apoyo a la quiteña por parte de sus antiguas enemigas, las ilustres damas bogotanas. La sociedad comenzaba a valorar los rasgos heroicos de esta mujer dispuesta a todo, que libraba una batalla solitaria por su hombre en el exilio. Ya no era la altiva primera dama de Bogotá, y los tintes románticos de su lucha le ganaban algún afecto popular. Cuando el gobierno atizaba ante ella la amenaza de la cárcel o el destierro, las damas bogotanas y unos cuantos más salían en su pública defensa.

Luego de una proclama en exceso imprudente, se la juzgó por sedición y se procedió a detenerla. Domingo

Durán, el voluminoso oficial que ingresó a su vivienda, la encontró vestida de húsar y con un sable desenvainado. Sin levantar la voz, ella dijo:

"Si da un paso más, le atravesaré de parte a parte y haré una viuda de la gorda señora de Durán".

Hicieron falta dieciocho hombres más para apresarla, no sin antes negociar con la amotinada (armada con un pistolón en cada mano) una salida elegante; el gobierno había quedado en ridículo ante el pueblo, que se agolpaba a ver aquel espectáculo.

Cae el telón

Simón se encontraba en el bucólico puerto de Santa Marta, a orillas del Caribe. Quería viajar a Jamaica, pero sus médicos se lo desaconsejaban: no creían que pudiera sobrevivir al viaje. Como una metáfora de reconciliación, pasaba sus días en la hacienda que le ofreciera gentilmente un antiguo realista de la zona. Allí intercalaba períodos de lucidez con otros de gran debilidad y confusión. La tuberculosis se encontraba en su última fase. Cada tanto recordaba a Manuela.

En Bogotá, la ausencia de noticias, al contrario de lo que reza el dicho, era leída como malas noticias. Se decía que el Libertador agonizaba, o bien, que había muerto.

"Que abandonen los santanderistas toda ilusión, porque el Libertador es inmortal", retrucaba Manuela. Había elegido aferrarse a la esperanza hasta el final. Y, aunque la Historia le daría la razón, la presencia física de su amado en la tierra tenía los días contados. Para fines de noviembre comenzó a circular, a modo de réquiem, una proclama de Bolívar para despedir a su pueblo:

"Colombianos: He trabajado sin egoísmos, sacrificando mi fortuna y mi tranquilidad. He sido sacrificado a mis perseguidores; me han traído al borde de la tumba; yo les perdono. No aspiro a más gloria que a la consolidación de la Gran Colombia..."

Era un mensaje de pacificación. Mientras Manuela tiraba de la cuerda para desestabilizar a los traidores y traerlo de vuelta, Bolívar se retiraba de la escena. ¿Se rendía ante sus enemigos? ¿O realmente estaba muriendo? Manuela no lo pensó dos veces y preparó su viaje a Santa Marta.

A punto de abordar la nave que la trasladaría a ver a su amor, recibió una carta de un mensajero jadeante y cubierto de barro. Dudó unos segundos entre embarcar y abrir el sobre. Lo abrió al fin con desesperación. "Mi respetada y afligida señora..."

No quiso leer más. Luego fueron las lágrimas las que no se lo permitieron. Se dejó caer en la orilla. La carta resbaló de sus dedos. Lentamente se alejó de la costa. Ya no había embarcación que pudiera llevarla hasta él: el General había muerto.

Epílogo

El reptil se retuerce inquieto hasta desaparecer bajo el sillón. Su veneno ya surte efecto en el cuerpo de Manuela, que espera el final recostada mansamente sobre los almohadones del sofá. La vista se le nubla como un vidrio empañado, su brazo se deforma. La mancha violácea en el hombro indica el sitio donde ha mordido la serpiente. ¿Un accidente? La actitud de Manuela no lo hace pensar. Las criadas le han traído, a pedido suyo, el peligroso animal. La respuesta es clara: Simón se ha ido y, con él, su lucha y razón de ser en este mundo. La serpiente reemplaza a la nave de partida, y ella va por fin al encuentro de su amor... Pero sus vecinos y amigos, entre ellos Boussingault, le salvan la vida.

En pocos meses, Santander vuelve al poder. Inútil es aclarar la relación que entabla Manuela con el nuevo gobierno. En 1834, harto de sus embates, Santander la destierra. La quiteña decide volver a su ciudad natal, pero el ingreso a Quito le es denegado por las autoridades.

Finalmente recala en el pequeño puerto peruano de Paita, ubicado más cerca de la frontera con su querido

Ecuador que de la capital limeña. Allí paran los barcos balleneros para abastecerse, único atractivo de ese lugar seco y poco poblado.

En este desierto encuentra Manuela su oasis final. Vive en una digna pobreza; en parte por revanchas de sus enemigos, ahora en el poder; en parte por su tozudez en negarse a recibir lo que le corresponde. Vende tabaco, dulces y bordados a los viajantes. Participa en los asuntos públicos, colabora con traducciones, brinda consejos y recibe visitas ilustres. Pronto se transforma en un querido personaje local.

Manuela lleva un diario donde neutraliza sus dolores, cierra heridas y hace un balance de su pasado. Vive con sus criadas y da de comer a algunos animales vagabundos, que llevan los nombres de sus enemigos. Es que no olvida del todo:

"Venzo en ser vengativa en grado sumo, ¿cómo perdonar? Si Simón hubiese escuchado a ésta, su amiga… Creo en esa obligación de dar merecimientos a quienes faltaron a su lealtad".

Sobre sus amores, dirá:

"Fuimos amantes de espíritus superiores, vivimos una misma posición de gloria ante el mundo, vivimos un mismo sacrificio… Aunque en Simón existiera la condescendencia y el perdón, y en mí la audacia y la intolerancia, fui la escogida como su compañera de felicidades y de profundas tristezas. Los dos escogimos el más duro de los caminos, porque, a más del amor, nuestra compañía se vio invadida por guerra, traición, política… y la distancia, que no perdonó jamás nuestra intimidad".

Su belleza es inmune a todo: su cuerpo está tallado por la actividad de un hombre más que de una mujer; es virgen de hijos (no se le han dado), pero ha sido fértil en todo lo demás, y su rostro oval no pierde el encanto de sus ojos vivaces y la tersura de su piel.

Cierta vez recibe la visita de un joven y desconocido Melville, autor de *Moby Dick*, que se encuentra embarcado en un ballenero. Cuando la fama le dé la espalda, Melville se acordará de Paita y de Manuela.

En un desgraciado accidente doméstico, se disloca una cadera y queda inválida; ella, que ha soportado los peligros de los Andes y las conspiraciones, que ha montado a caballo y manejado el sable mejor que muchos hombres, que ha bailado "con igual gracia un minuet o la cachucha", según su amigo Boussingault, ya no podrá moverse. Pero la depresión no figura en el registro de sus emociones.

A la muerte de Thorne se le niega la dote aportada por su padre, alegando su notoria infidelidad para con aquél. Esa dote hubiera sido un bálsamo para sus penurias.

Simón Rodríguez se traslada a Paita y, hasta su muerte, será de enorme compañía para ella. Manuela recibe con gran cariño la visita de Giuseppe Garibaldi. Juntos conversarán acerca del Libertador.

A doce años de la muerte de Bolívar, sus restos son trasladados a Caracas. Con amarga alegría, Manuela vivirá las alabanzas y el calor popular que acompañan el traslado. Las naciones extranjeras envían sus salutaciones en honor al héroe de la independencia americana. Pronto, aquello se convierte en una grandiosa y emotiva fiesta patria en honor al Libertador de América.

Súbitamente reivindicado, se levantan monumentos de Bolívar a lo largo y ancho de la geografía que lo vio batallar, y se bucea en su pasado con la intención de reescribir la Historia o transformarlo en mito. De todas las reescrituras, Manuela será relegada, con la honrosa excepción de las memorias del general O'Leary. Su presencia será una mancha a quitar en la nueva e idealizada versión del héroe.

Cerca del fin, vive casi exclusivamente de la caridad. Ha pasado veintiún años en su retiro de Paita y veintiséis sin su Bolívar. En 1856, la difteria se apodera de Paita, y también de Manuela. El 23 de noviembre, a los cincuenta y nueve años, se despide de este mundo. Su cuerpo es arrojado a una fosa común y sus pertenencias son quemadas para evitar contagios. El cofre con numerosas cartas de amor del Libertador, ese preciado bien histórico, arde en el fuego de una pira.

Las sociedades suelen ser ingratas con sus héroes. Los reconocimientos se hacen esperar y, cuando finalmente llegan, la culpa los vuelve desmesurados y adulones, más apropiados para una deidad que para un individuo. Como a dioses se les exige en vida y como a dioses se los venera cuando muertos. ¿Y el costado humano de esos seres excepcionales?

Sus flaquezas, equivocaciones o actos cotidianos se menosprecian en vida, y *post mortem* se eliminan prolijamente del mapa de sus biografías, para que sólo el flanco "heroico" perdure en la posteridad.

A esos seres moldeados en la incomprensión y el sacrificio, la historia patria los suele convertir en iconografías digeribles, distorsionadas, al punto de volverse de cartón: son imágenes planas, sin relieve ni profundidad. Se olvida que lo rico que hay en ellos es, ni más ni menos, esa permanente pugna entre su excepcionalidad y su mediocridad, el fuego sagrado que aflora de entre las cualidades más corrientes en momentos críticos, haciendo conjunción con la Historia, para que la escriban de su puño y letra. Lo bello es creer que ese fuego sagrado pueda estar en cada uno de nosotros.

En medio de la noche sudamericana que aún camina en pos de un amanecer, Simón y Manuela, juntos, con la vista ebria de amor y horizonte, todavía cabalgan.

Bibliografía

- Arciniegas, Germán; *América mágica. Biografías*, Buenos Aires: Planeta, 1998.
- Blanco Fombona, Rufino; *Ensayos históricos*, Fundación Biblioteca Ayacucho, 1981.
- Bolívar, Simón; *Escritos fundamentales*, Caracas: Monte Ávila, 1998.
- Borges, Jorge Luis; *Fervor de Buenos Aires*, Buenos Aires: Emecé, 1980.
- Bosch, Juan; *Bolívar y la guerra social*, Santo Domingo: Alfa y Omega, 1984.
- Boussingault, J. B.; *Mémoires* (cinco tomos), 1822-1849, París: Chamelot et Renouard, 1903.
- Bruzzone, Elsa María; *Manuela Sáenz, Amor y pasión del Libertador Simón Bolívar*, Buenos Aires: CADDAN, 2002.
- Halperín Donghi, Tulio; *Historia contemporánea de América Latina*, Buenos Aires: Alianza Editorial, 1992.
- O'Leary, Simon B.; *Memorias del General O'Leary*, treinta y dos volúmenes, Caracas: Imprenta de la Gaceta Oficial, 1888.
- Palma, Ricardo; *Tradiciones peruanas*, Buenos Aires: Troquel, 1967.
- Perú de Lacroix; *Diario de Bucaramanga*, París: Walder, 1870.

- Rumazo González, Alfonso; *Manuela Sáenz, la Libertadora del Libertador*, Bogotá: Intermedio editores, 1972.
- Uslar-Pietri, Arturo; *Las lanzas coloradas*, Navarra: Salvat, 1970.
- Von Hagen, Víctor W.; *La amante inmortal: los amores de Simón Bolívar y Manuela Sáenz*, Barcelona: A. H. R., 1958.
- Von Hagen, Víctor W.; *Las cuatro estaciones de Manuela*, Buenos Aires: Sudamericana, 1989.

Sitios en la *web*

Referencia general:

www.wikipedia.com
www.encarta.com

Obras *on line*:

- Olmedo, José Joaquín; *Canto a Bolívar*, en www.cervantesvirtual.com.
- Rodríguez Calderón, V.; *Manuela, la mujer*, en www.abrebrecha.com

ÍNDICE

Introducción	7
Capítulo I Una tal Manuela	15
Capítulo II El otro Simón	31
Capítulo III "Loca y desesperadamente" (1822)	59
Capítulo IV Esas dolientes ausencias (1823)	77
Capítulo V Hacia la batalla final (1823-1824)	97
Capítulo VI Junín y Ayacucho (1824)	113
Capítulo VII La "amable loca" (1825-1827)	127
Capítulo VIII Hacia el fin de la historia (1828-1830)	141
Epílogo	157
Bibliografía	163

Simón Bolívar y Manuela Sáenz, de Jazmín Sáenz,
fue impreso y terminado en marzo de 2010,
en Encuadernaciones Maguntis,
Iztapalapa, México, D. F. Teléfono: 56 40 90 62.
Realización editorial: Page S. R. L. (page@fibertel.com.ar)
Corrección: Mariano Sanz
Formación: Victoria Burghi

Made in the USA
Middletown, DE
24 August 2019